Andreas Beck

Johann Georg Fleig

Ein kleiner Schwarzwälder Genius

Clio-Verlag Konstanz

J. G. Fleig

Hornberg.

Stube auf dem Schloßhof (1892)
Andreas Fleig (Bruder des Fotografen J. G. Fleig)
* 20.02.1848 † 22.11.1916
Anna Dorothea (Ehefrau des Andreas)
* 26.08.1840 | 18.01.1916
Anna Maria
* 19.06.1881 † 20.08.1948
Fotografie auf Glasplatte 1892

Die Muschel, die Johann Georg Fleig seiner Nichte
von seiner letzten Reise aus Venedig mitbrachte
und heute noch im Familienbesitz ist.
Muschel aus dem Besitz der Frau Kunz aus Villingen,
der Urnichte von Johann Georg Fleig.

Doch als Gruß und als Zeichen,
Daß auch einer, den die Welt nicht
Auf den grünen Zweig gesetzt hat,
Lerchenfröhlich und gesund doch
Von dem dürren Ast sein Lied singt.

Aus: Ekkehard, Josef Victor von Scheffel

Umschlagseite:
J. G. Fleig bei der Arbeit – Hamburger Atelier
Glasplatte 1888.

Buchrücken:
J. G. Fleig
Postkarte 1890.
Ausschnitt

ISBN 3-00-017812-0, 1. Auflage 2/2006

© by Clio-Verlag, Franz-Liszt-Straße 1, 78464 Konstanz a. B.
www.Clio-Verlag.de.vu
e-mail: Clio-Verlag@web.de
Gestaltung und Herstellung:
fgb · freiburger graphische betriebe, Freiburg i. Br.
www.fgb.de
Nachdruck oder die Wiedergabe jeglicher Art, auch
auszugsweise, nur mit schriftlicher Genehmigung des Autors.
Printed in Germany

Korrigenda

Auf der Impressumseite hat sich der Druckfehlerteufel eingeschlichen.

Im Hinweis zur Umschlagseite muß es richtigerweise „Hornberger Atelier" heißen und nicht „Hamburger Atelier".

Inhaltsverzeichnis

Vorwort 7
Kapitel 1 – Wo er herkam 13
Kapitel 2 – Was aus dem kleinen Johann Georg
            wurde 23
Kapitel 3 – Johann Georgs Kindheit 28
Kapitel 4 – Johann Georg und seine neuen
            Interessen 46
Kapitel 5 – Johann Georg, was willst du
            werden? 54
Kapitel 6 – Ende der Schulzeit – wohin? 65
Kapitel 7 – Wie Johann Georg Fleig nach
            Hornberg kam 88
Kapitel 8 – Johann Georgs neue Heimat . . . 114
Kapitel 9 – Johann Georg und sein Verlag . . 127
Kapitel 10 – Glasbilder 137
Kapitel 11 – Das neue Metier 146
Kapitel 12 – Der ‚Gypsgießer' 156
Kapitel 13 – Baumstammbilder 167
Kapitel 14 – Im Städtle 178
Kapitel 15 – Johann Georg und sein Kaiser . . 187
Kapitel 16 – Des Lebens Last 207
Kapitel 17 – Fleigles Freunde 218
Kapitel 18 – Der Abschied des Johann Georg
             Fleig 227

Kapitel 19 – Wegfahrt, Fleigles Weggang 235
Kapitel 20 – Ende in Oberweiler 258
Kapitel 21 – Fleigles Ende, und danach? 274

Bildteil 287
  1. Persönliches von Johann Georg Fleig ... 289
  2. Zur Technik und zu seinem Selbststudium 315
  3. Johann Georgs Heimat in Buchenberg und Martinsweiler/Villingen 323
  4. Bilder und Landschaften aus Hornberg, Gutach und Umgebung 391
  5. Schwarzwälder Handwerk und Brauchtum 541
  6. Schwarzwälder Trachten 585
  7. Glas-Dias, Hinterglasbilder 614
  8. Baumstammbilder 623
  9. Johann Georgs Reisen 629

Einsamkeit ist ein gut Stück Freiheit, und Zwang ist eine Folge der Geselligkeit. Selbst ist der Mann, wenn er einsam ist und gebunden, wenn er Gesellschaft braucht.

Heinrich Hansjakob, Allerseelentage.

Vorwort

Hansjakobs großartige Schilderungen des bürgerlichen und bäuerlichen Lebens des 18. Jahrhunderts sind in unseren Tälern und Höhen noch bestens bekannt. Seine Originale sind das Schönste, was die Literatur des 19. Jahrhunderts neben Peter Rosegger und Joachim Jeremias hervorgebracht hat. Die großartigen Illustratoren jener Zeit wie Wilhelm Hasemann, Curt Liebich oder Hugo Engel sind auch noch nicht vergessen, um nur einige der größten zu nennen.

Aber einer wurde vergessen, ein kleiner, einsamer, genialer Mann, dem ich hier ein papierenes Denkmal setzen möchte. Er ist es wert, daß man ihn nicht vergißt: Den kleinen Johann Georg Fleig aus Hornberg, den begnadeten Fotografen aus Hansjakobs und Hasemanns Zeiten, der mit der neuen Kunst der Fotografie des Schwarzwaldes, des Bodensees und Norditaliens die damalige Welt mit seiner eben erst geborenen fotografischen Kunst eingefangen hat wie kein zweiter. Er lebt in einem kleinen Völkchen von interessierten Menschen, von denen ich bis vor wenigen Jahren eigentlich gar nichts wußte, heute noch weiter: Die alten Postkartensammler sind es, die mich auf ihn angesprochen haben. Da stellte sich eines Tages ein knorriges Schwarzwälder Original aus dem nahen Niedereschach vor, Eugen Armbruster hieß er, und legte mir bescheiden eine ganze Sammlung großartiger Fotografien aus dem 19. Jahrhundert hin und berichtete mir obendrein, daß diese Herrlichkeiten mein Hornberger Landsmann Johann Georg Fleig vor nunmehr hundert Jahren gefertigt hatte. Nur ein paar Stunden später blätterten mir die Anni und der Hansjörg Lauble aus dem nahen Buchenberg weitere dieser fotografischen Kunstwerke des kleinen Fleigle, wie sie ihn nannten, vor, die sie mit großer Liebe gesammelt und konserviert hatten. Ein weiterer großer Kenner und Freund des vergessenen Hornberger Fotografen war bald ausgemacht: Joachim Baumann aus Gutach rekrutierte aus seinen Schätzen weitere, vergessen geglaubte Fotografien des kleinen Fotografen. Auch Bernd Aberle aus Hornberg unterstützte mich bald mit seiner Postkartensammlung aufs Freundlichste. Ein paar Tage später traf ich dann in einer kleinen Wohnung in Villingen die letzte noch lebende

Urgroßnichte des kleinen Fleigle, Frau Christa Kunz. Voll ungläubigen Erstaunens, daß sich jemand mit ihrem längst verstorbenen Urgroßonkel beschäftigt, öffnete sie mir freudig die Familienalben und privaten Schätze, die von diesem kleinen Mann noch übriggeblieben sind.

Ihr Mann Hubert ist Museumskustos in seiner Heimat Buchenberg nur ein paar Weiler weiter, und er wußte, daß es auf dem Boden des Buchenberger Heimatmuseums einen ungeöffneten Koffer gab, der aus der Heimat des kleinen Fleigle stammte. Und der wurde geöffnet. Es fand sich eine ganze Fülle weiterer Einzelheiten aus dem Leben dieses bedeutenden Mannes, seiner geistigen Herkunft, seiner Ausbildung und seiner schulischen Laufbahn, Dinge, die sich langsam mosaikartig zusammensetzten und das Bild des kleinen Fleig immer lebendiger machten.

Zu großem Dank verpflichtet bin ich auch den Nachforschungen der Hauptamtsleiterin Christa Rith in Mönchweiler und dem Direktor der Zinzendorfschule, Herrn Oberstudiendirektor Knut Schröter, der den schulischen Werdegang von Johann Georg Fleig nachzuzeichnen versuchte. Manche Stunde saß Schularchivar Verbeek über den alten Schülerlisten und Verzeichnissen der Lehrer, und anhand von alten Schulbüchern wurde ich fundig. Auch im Rathaus in Hornberg wurde eifrig nachgeforscht, und ich danke dem Bürgermeister Siegfried Scheffold, Herrn Peter Reeb und dem Rektor Hess für offene Ohren und genauso offene Archive. Als dann noch ein Briefwechsel zwischen Dr. Alex Jäckle aus Hornberg und seinem Freund Johann Georg Fleig auftauchte, rundete sich das Bild dieses kleinen Genies aus dem Schwarzwald völlig. Johann Haller aus Buchenberg, ein äußerst kenntnisreicher Heimatforscher, unterstützte mich mit Rat und Tat, und so wurde aus dem mir bis dato unbekannten Johann Georg Fleig eine farbige Persönlichkeit allererster Güte, ein Schwarzwälder Original, wie man es kaum noch findet und ein liebenswürdiger Mensch, dem man wenigstens ein papierenes Denkmal setzen muß, wenn sogar schon die Grabsteine abgeräumt und entsorgt sind …

Der Eugen Armbruster, übrigens ein großer Idealist in Sachen Heimatpflege und jahrzehntelang ein begeisterter Schiedsrichter auf allen Fußballplätzen im badischen und württembergischen Land, besorgte mir, dem neuen Fleigle-Freund, alle auch nur erdenklichen Bilder aus den hintersten Quellen fast vergessener Sammlungen, wofür ich ihm sehr dankbar bin. Schon als das kleine Buch druckfertig war, recherchierte er kontinuierlich in dieser Sache weiter, und es nahm mich nicht einmal wunder, daß er bei seinen Erkundigungen in Badenweiler noch einen Zeitzeugen des Johann Georg Fleig gefunden hatte. Nach langem

Gespräch mit dem damaligen Bürgermeister Dr. Rudolf Bauert aus Badenweiler stellte sich heraus, daß der Sohn der Hauswirtin, bei der Johann Georg Fleig in Badenweiler die letzten Jahre verbracht hatte, noch lebt und als hoher 90er sich gerne an den kleinen Fotografen erinnerte, der in seiner ganzen Kindheit im zweiten Stock gelebt und gearbeitet hatte: Es ist Robert Sütterlin, der mir bereitwilligst Auskunft gab, was er als achtjähriger Bub vom kleinen Fleigle noch wußte, und das war nicht wenig. Auch erinnerte er sich noch sehr gut, daß er von der Mutter geschickt wurde, um den Tod des kleinen Fleigle im Oberweilener Rathaus zu melden, und er war bei seiner Beerdigung dabei und wunderte sich über die vielen Schwarzwälder Trachtenträger mit den eigenartigen Bollenhüten und Samtkitteln, die dem kleinen Fleigle im Jahre 1924 die letzte Ehre erwiesen hatten ...

Der Eugen Armbruster war es aber, der mich letztlich auf die Spur dieses kleinen Mannes gesetzt hatte, und er bezeichnete sich selber stets als ‚Waldhüter Dieterle', der seinem Freund Hansjakob die Originale aus dem Wolftal beschrieben hatte: Zuviel der Ehre! Das einzige, was ich mit dem großen Hansjakob gemeinsam habe, ist die Freude daran, große Originale unserer Täler nicht unbeschrieen untergehen zu lassen. Der ‚kleine Fleigle' ist zu groß, als daß man ihn vergessen sollte. Er war ein getreuer Künstler und Fotograf, der das Leben des 19. Jahrhunderts auf seine Weise großartig festhielt, nämlich in unnachahmlichen Bildern von herber Schönheit, die, einmal gesehen, nie mehr zu vergessen sind.

Danken möchte ich an dieser Stelle meiner unermüdlich braven Sekretärin Frau Helga Schmitt, die wie immer geduldig unleserliche Manuskripte geschrieben und Korrektur gelesen hat.

Dank auch den Freiburger Graphischen Betrieben für ihre gute Arbeit.

Konstanz am See,
im März 2006

Kapitel 1 –
Wo er herkam

Man schreibt das Jahr 1859.
Ein kleines, schmales Tal hoch oben im Schwarzwald über dem Flüßchen Brigach gelegen, bekränzt von den schönsten, dichtesten Wäldern, die eine Hochebene abschließen, das ist der Gsod, eine herb-liebliche Landschaft fernab von allen Straßen. Feldwege waren es, die zu einem kleinen, strohgedeckten Schwarzwaldhöfchen führten, das lieblich ins schmale Tal und auf den murmelnden Bach hinabsah. Hier wohnte keiner der behäbigen Bauernfürsten des Gutach- oder Kinzigtales, sondern bescheidene Kleinbauern hatten sich hier niedergelassen und trotzten im harten Winter und dem kurzen Sommer den kargen Böden ein wenig zum Leben ab.

Der Hof stand friedlich im Morgenlicht, und ein ältliches Wibervolk strebte schnellen Schrittes darauf zu, in der Hand eine Tasche und den Regenschirm unter dem Arm. Es war schon recht kalt geworden oben im Gsod, und der nahende Winter stand vor der Tür. Hier oben konnte es schon einmal sein, daß der Schnee die schmalen Wege noch unzugänglicher machte und der Hof am Bergrand dann gar nicht mehr zu erreichen war.

Es war die Hebamme, die dort drüben im Haus so intensiv erwartet wurde. Nachwuchs hatte sich wieder eingestellt im Hof von Andreas Fleig, dem Kleinbauern und Uhrmacher in diesem abgelegenen kleinen Waldtal. Andreasle, sein kleiner Sohn, war in aller Frühe losgeschickt worden, um im benachbarten St. Georgen nach der ‚Hebamm' zu gehen, und nach kurzem Suchen hatte er sie auch gefunden. Andreasle war längst wieder vorausgeeilt, soweit ihn seine zehnjährigen Füße tragen konnten. Er wußte, daß zu Hause die Sorge um den neuen Erdenbürger, der noch nicht geboren war, sehr groß war. Und so sprang er durch Feld und Wiese, so schnell er konnte, um dem Vater mitzuteilen, daß die alte ‚St. Georgener Hebamm' sich sofort auf den Weg hierher machen würde, aber eben zu Fuß, und sie war bekanntlicherweise nicht mehr die Jüngste.

Unruhig waren sie, die beiden Andreasse, der lange Bauersmann und sein Drittgeborener, der Namensträger. Nichts konnte ihn mehr beruhigen. Er versuchte es noch ein wenig, sich abzulenken und unten in der Stube ein paar Uhrenschilder zu sägen und ein paar Zeiger auszustanzen. Seine Arbeit war ihm das liebste, und wenn draußen in Wald und Feld die Natur unter einer dicken Schnee- und Eisdecke ruhte, dann war für ihn erst recht die Zeit des Arbeitens gekommen, er war Uhrmacher wie viele seiner Nachbarn in St. Georgen, und er war sogar ein sehr tüchtiger. Der Uhrenträger hatte ihm vor wenigen Wochen seine ganzen so mühsam hergestellten holzgespindelten Uhren mit fortgenommen, nicht ohne ihm zu versichern, daß er sie draußen in England zu gutem Geld machen würde. Wochenlang war er dabei gewesen, zusammen mit seiner Frau Anna und einigen aus dem Gesinde die kleinen, begehrten Wunderwerke aus dem Schwarzwald zusammenzuleimen, Platinen zu bohren, Holzspindeln zu drehen, Zeiger auszusägen und einfache Zahnräder, die ihm aus dem benachbarten Furtwangen geliefert wurden, zusammenzusetzen, um daraus etwas zu machen, was in der ganzen Welt begehrt war, Schwarzwalduhren, einfache und auch schon die komplizierteren mit den Metallspindeln. Es war der einzige größere Verdienst, den der kleine Hof im Gsod abwarf, wenn man einmal davon absah, daß die Feldfrüchte und der geringe Ertrag des Waldes gerade dafür herhalten mußten, daß die kleine Familie überlebte.

Der Winter war in diesem Jahr früh gekommen, und so spielte sich nach altem Schwarzwälder Brauch alles im Inneren des Hauses ab und dort auch meistens nur im Stall und in der Stube, die in dieser Jahreszeit die einzigen warmen Räume waren. Draußen in den Futtergängen, den Treppen oder den Schlafzimmern war es Ende November schon empfindlich kalt geworden.

Sehnlichst wurde die Hebamme erwartet, denn mit den Geburten im Haus stand es schlecht. Fast zwölf Jahre waren sie verheiratet, und die ersten beiden Kinder, auf die sie sich so lange gefreut hatten, starben unter der Geburt. Kein Wunder, daß sowohl seine Frau Anna als auch den Andreas eine tiefe Unsicherheit gepackt hatte. Wird der liebe Gott ihnen dieses Mal noch einmal solche Unglückszeiten schicken, die sie nur schwer ertragen konnten? Zweimal schon hatten sie ihren Neugeborenen ins Grab nachsehen müssen, was der guten Anna so sehr ans Herz ging, daß sie fast trübsinnig werden konnte.

Als sie in ihrer kalten Stube sehnlichst auf die Hebamme wartete, dachte sie an ihre Hochzeit vor zwölf Jahren in St. Georgen. Es war ein ähnlicher, schon recht ungemütlicher Tag am 17.10.1847, als sie am Arm ihres Andreas in St. Georgen zum Traualtar schritt, und nur die zuversichtliche und fröhliche Predigt von Pfarrer Ledderhose hatte ihrem Tag den notwendigen Glanz gegeben, der sich draußen in der schon spätherbstlichen Natur gar nicht mehr einstellen wollte.

Er war eine großartige Figur auf ihren Hochtälern, der Pfarrer Karl Friedrich Ledderhose. Alle mochten ihn, diese bekannte Persönlichkeit, die sich nicht zu fein vorkam, auch Taglöhner und kleine Häusler zu trauen, wenn sie sich vertrauensvoll an ihn wandten. Anna las gerne in den Erbauungsbüchlein des geliebten Pfarrers, und ganz St. Georgen hörte mit großer Freude darauf, wenn er seine Ideen von der Gleichheit, von der Brüderlichkeit und von der Freiheit manchmal auf der Kanzel in seine Predigten einfließen ließ. Als Schulmädchen hatte sich Anna oft ängstlich nach den Gendarmen umgedreht, die nicht selten hinten in der Kirche horchten, was der Bauernpfarrer da oben wieder für Reden schwang, aber er war so geradlinig, redete so einsichtig und mutmachend, daß nach jeder Predigt ein laut gemurmeltes ‚Amen' das ganze Kirchenschiff durchtönte. Wie oft hatte sie sich daran erinnert, daß ihr Andreas dem so überaus beliebten und streitbaren Pfarrer auch jetzt im Jahre 1847 immer wieder Unterschlupf gewährte, wenn manche der Gendarmen ihn wegen seiner freizügigen Reden suchten und vor Gericht stellen wollten. In den Gsod sind sie nie gekommen, die ultratreuen Preußendiener, und Karl Friedrich Ledderhose schrieb in ihrem Haus so manche Erbauungsschrift, in die der Ruf der Freiheit unmißverständlich eingewoben war. Und jetzt war er wieder einmal verschwunden, denn unten aus dem Kinzigtal drangen böse Nachrichten über die Revolution herauf auf die

Hochebene. Wie wird das noch enden mit diesen Freiheitsreden überall in den Gasthäusern und Kirchen, wenn sogar brave und aufrichtige Menschen wie der Pfarrer Ledderhose solche freien Reden führten?[1]

Solche Gedanken kamen ihr in den Sinn, als ihr Mann Andreas die baldige Ankunft der Hebamme versprach.

Jetzt war sie zuversichtlich, denn es war irgendwie anders als bei den ersten beiden Nachkommen, wo die Hebamme schon bald nach der Entbindung die beiden Würmchen mit hinübernahm, um sie von Pfarrer Ledderhose an der Kirchenmauer begraben zu lassen. Sie lebten, als sie auf die Welt kamen, und Vater Andreas vollzog an beiden noch die Taufe, so daß der gute Pfarrer die beiden Kinder im Taufbuch vermerkte.

Es war ganz anders in seiner Familie gewesen, überlegte der Andreas bei sich. Er selbst war das achte

---

[1] Karl Friedrich Ledderhose war zunächst Pfarrverweser und dann Pfarrer in St. Georgen von 1836 bis 1851. Er war eine weit über die Region bekannte Persönlichkeit, schriftstellerisch tätig und als Führer einer konservativen Gruppe von badischen Revolutionären persönlich gesucht. Auf der Flucht hielt er sich mehrfach in Königsfeld bei den Eltern von Johann Georg Fleig auf, und zwar in den Jahren 1848 und 1849, und predigte ganz offen die Sache der Freiheit um Hecker und Struwe, als sie längst unter den Kanonen der preußischen Artillerie nach der Schlacht von Kandern verlorengegangen war.

Wo er herkam

Kind seiner Familie in Sinsbach und sein Vater, er hieß genauso Andreas wie er auch, wurde zwar nur 64 Jahre alt, aber er hatte mit seiner Frau Christina elf Kinder gezeugt, und bis auf zwei waren sie alle groß geworden. So etwas gab es nicht in seiner Familie, daß die beiden Erstgeborenen starben und nicht fröhliches Kindergeschrei im Bauernhof zu hören war, sondern eher die zaghafte Stimme eines einzigen ‚Stammen', was im Schwarzwald in einer Bauernfamilie zumindest sehr ungewöhnlich war. Seine Brüder Georg, Bartholomäus, Philipp, Michael, Mattäus und Georg[2], unter denen er wohlbehütet aufwuchs, waren seine Idealfamilie gewesen, eine Selbstverständlichkeit auf dem hohen Wald, und wenn dann noch seine Schwestern Christina und Anna um ihn herum spielten, behütet von der allseits treusorgenden Christina, seiner Mutter, dann wurde ihm warm ums Herz. Hier im Gsod war es doch einsam geworden, und der kleine Andreas, sein Stammhalter, war ein stiller Junge, dem eigentlich nur eines fehlte, ein Haufen fröhlicher Geschwister, mit denen er in der Waldein-

---

[2] Der zweite Name Georg kam deshalb zustande, weil der erste Georg als Jugendlicher starb, und wie im Schwarzwald häufig wurde die Trauerarbeit in den Familien dadurch gebessert, wenn ein weiterer Nachkomme den Namen des verstorbenen Geschwisters übertragen bekam. Eine, wie mir scheint, schöne und sinnvolle Sitte unserer Vorfahren.

samkeit die Abgeschiedenheit von der Dorfgemeinschaft vergessen konnte.

Die Hebamme trat ein und sah, daß die Stunde der Geburt sehr nahe war. Andreas wurde wie stets alle Väter im Schwarzwald für kurze Zeit aus dem Geburtszimmer verbannt und mit allerlei Aufgaben betraut, von denen er eigentlich keine Ahnung hatte, nämlich warmes Wasser zu bereiten, Leinentücher herzuschaffen und Seife herbeizubringen.

Täppisch verließ er das elterliche Schlafzimmer und nahm den scheu an der Treppe stehenden Drittgeborenen mit in die rauchige Küche, wo einige Wibervölker dabei waren, seine nicht verstandenen Befehle, die er weitergegeben hatte, auszuführen.

Und dann war nur noch Zeit zum Warten, die den beiden wie eine Ewigkeit vorkam. Was sollte man denn tun in dieser kalten Novemberzeit, wenn nicht sich mit Arbeit zu beschäftigen! Und so saßen beide bald wieder mit dem Gesinde in der warmen Stube, in deren Ecke der Kachelofen für behagliche Wärme sorgte. Es wollte nicht so recht klappen mit dem Grundieren und Bemalen von den Lackschildern und den Zifferblättern, und Sohn Andreas merkte bald, daß der Vater nicht recht bei der Sache war und mit einem Ohr immer durch die Stubendecke nach oben horchte.

Es verging eine lange Zeit, bis endlich die Hebamme den Bauern in das Geburtszimmer rief.

Wo er herkam

Andreas Fleig kam zu seiner Frau, die von den Strapazen der Geburt noch gezeichnet war und mit sorgenvollem Blick dem lauschte, was die Hebamme ihr vortrug.

„Zu klein, zu schmächtig und irgendwas stimmt nicht...", murmelte die Dorfautorität in Sachen Medizin. Beruhigend war das nicht, was sie so kopfschüttelnd von sich gab. Vater Andreas blickte mit seiner Frau Anna mehr als beunruhigt in die kleine Wiege, die neben dem mütterlichen Bett stand.

Darin lag – ein kleines, rosiges Gesichtchen, eingepackt in weiße Linnentücher, mit breit auseinanderstehenden Augen, einer auffallend hohen Stirn und mit tiefsitzenden Ohren. Es sah eigentlich friedlich aus, das kleine Gesichtchen, und nur ein bißchen leises Piepsen war zu hören: Der zweite Nachwuchs des Bauern lebte, aber eine rechte Freude über einen gesunden ‚Stammen' wollte nicht aufkommen, das Kopfschütteln der Hebamme war allzu deutlich gewesen. Fragend hingen beider Augen an dem kleinen Neugeborenen, und das Nachfragen bei der weisen Frau, die gerade dabei war, ihr Hebammeninstrumentarium wieder einzuwickeln, wollte gar nicht aufhören.

„Jetzt lebt er erst einmal, der kleine Junge, und irgendwann schicke ich euch den Doktor von Königsfeld vorbei. Er soll ihn sich mal ansehen. Ich weiß noch nicht recht, was mit ihm ist, mit dem kleinen Johann Georg, so soll er doch heißen, oder nicht?"

Zustimmendes Nicken.

Die Hebamme erhob sich, und nachdem sie noch für die nächsten Tage ihre Empfehlungen und Anweisungen an das Gesinde der Bäuerin gegeben hatte, entfernte sie sich wieder kopfschüttelnd.

„Schon zwei sind im Wochenbett gestorben und das Kind ist auch nicht normal …"

So oder so ähnlich meinten die Eltern und die Wibervölker, die jetzt das Wochenbett umstanden, gehört zu haben. Keine rechte Freude wollte aufkommen, obwohl der kleine Johann Georg jetzt nach seiner ersten Nahrung schrie!

Kapitel 2 –

Was aus dem kleinen Johann Georg wurde

Eine Woche später. Der kleine Johann Georg entwickelte sich langsam, viel langsamer, als man es erwartete, und die Zeit der Taufe war gekommen.

Andreas, der Vater, überlegte sich lange, wen er wohl dafür bitten wollte. Seine eigenen drei Taufzeugen lebten alle noch und waren in seinem Leben so wichtig gewesen, wie kaum die Eltern sein konnten.

Damals hielt ihn der Gottlieb Henninger von Peterzell zusammen mit dem Mattäus Fleig von Brigach und der Anna Fleig von Brigach über den Taufstein, und alle drei kümmerten sich liebevoll bis zum heutigen Tag um den damaligen Täufling.

Jetzt war eine neue Generation herangekommen.

Nun ging es daran, für den kleinen Johann Georg auch die richtige Wahl der Paten zu treffen, und die fiel auf den Gottlieb Kieninger, einen befreundeten Bauern am Ropertsberg, und auf den Mattäus Fleig, den Uhrenhändler in Stockburg, der dem Andreas so manche Zaine voller neuer Uhren abgekauft und in die Welt hinausgetragen hatte.

Aber eine Frau mußte noch dazu, und die war auch bald gefunden: Die Anna Fleig, Ehefrau des Schloßmüllers Andreas Haas von Martinsweiler, war die Götte, die sich gerne bereit erklärt hatte, das verantwortungsvolle, aber auch ehrenvolle Amt zu übernehmen.

Ein paar Tage später meldete der Andreas seinen Viertgeborenen zur Taufe in St. Georgen an, und der neue Pfarrer, der Nachfolger von Karl Friedrich Ledderhose, amtete bereits seit einigen Jahren auf der Stelle seines großen Amtsvorgängers: Eduard Christian Karl Martini war ein braver, aufrechter, evangelischer Pfarrer, der in seinem Kirchensprengel als sehr umgänglich beliebt war. Und er war es, der den kleinen Johann Georg, noch ehe das Wochenbett vorüber war, schnell taufte, da das Kopfschütteln der Hebamme, das unsichere Gesicht des Doktors aus Königsfeld und die zweifelnden Blicke des Gesindes auf dem Hof nichts Gutes ahnen ließen, was das weitere Leben des kleinen Johann Georg betraf. Johann Georg wurde er getauft, und in den Kirchenbüchern wurde er eingetragen als der vierte Sohn von zwei lebenden Kindern des Andreas Fleig von Brigach, Sohn des Bauern Andreas Fleig daselbst aus Brigach und Anna Müller vom Gsod, Tochter des Uhrmachers Johann Georg Müller vom Gsod und der Maria Dorothea Obergfell aus St. Georgen.

Soweit das Taufbuch.

Was aus dem kleinen Johann Georg wurde

Zweifel sind zu spüren gewesen, denn nicht einmal das normale Wochenbett mit dem Abschluß der Kindstaufe konnte eingehalten werden: Der Schock von zwei toten Neugeborenen und dem viel zu kleinen Johann Georg saß zu tief. Man rechnete nicht unbedingt damit, daß der Viertgeborene weiterleben würde. Immerhin war es inzwischen tiefer Winter geworden oben im Gsod, der eiskalte Wind pfiff durch die Bretterfugen des Schlafzimmers der besorgten Eltern, und immer wieder kam ein Gedanke in den Vordergrund: Wird er es wohl schaffen, der kleine Johann Georg? Wenn doch schon der Doktor aus Königsfeld nichts Gescheites wußte? Und die Hebamme?

Seine Mutter gab sich jedoch alle erdenkliche Mühe und brachte dem kleinen Sorgenkind alle mütterliche Liebe entgegen, genau die, welche es brauchte, um seinen offensichtlichen körperlichen Defekt zu überstehen.

Und er überstand ihn. Johann Georg gedieh langsamer als andere Kinder. Die Eltern merkten bald, daß seine geistige Entwicklung genauso war wie bei Bruder Andreas auch, nur mit dem Körper schien es nicht ganz so schnell zu gehen. Er war einfach klein, und irgendwie paßten Arme und Beine nicht in die Proportionen eines ganz normalen Säuglings. So ganz langsam dämmerte es auch den Eltern, warum die Hebamme wie der Königsfelder Doktor mit Sorgen auf den kleinen Säugling geschaut hatten, denn ihnen war dies sofort aufgefallen. Johann Georg hatte kleine Beine und kurze Arme, einen kleinen Körper und einen fast normal großen Kopf. Die Augen, die bald wach in die Welt hineinsahen, standen ein wenig eigenartig nach außen und die Stirn war gar nicht die eines Schwarzwaldbauern: Sie war hoch und der Haaransatz begann recht tief. Aber es war eben der Viertgeborene, und er lebte, Gott sei Dank! Die beiden bereits im Wochenbett gestorbenen Geschwister waren jedoch wegen des Aussehens von Johann Georg nicht vergessen, und oft erinnerten sich die Eltern daran, daß es wohl ‚in der Familie' liegen könne oder vielleicht einfach am Willen Gottes, daß ihre beiden Erstgeborenen ein solches Schicksal erleiden mußten, und sie nahmen auch die Krankheit ihres Viertgeborenen mit Demut und Selbstverständlichkeit aus der Hand ihres Schöpfers an. Johann Georg lebte immerhin, wenn auch ein kleines, bescheidenes Leben, und die Blicke der Mutter und des Vaters gingen wohl öfters besorgt in Richtung der Krippe, in der das eigenartig aussehende, kleine Kind mit großen, wachen Augen die neue Welt um sich herum aufnahm.

Der kleine Andreas war voll Freude über seinen Bruder, obwohl ihm die Mutter und der Vater gleich zu Beginn sagen mußten, daß es wohl nichts damit werden würde, daß er bald einen Kumpel für Feld,

Wald und Wiese, in Spiel und körperlicher Ertüchtigung zur Seite bekommen würde. Aber das war dem kleinen Andreas noch ziemlich unklar, denn ein kleines Kind war gleichbedeutend mit Schutzbedürftigkeit und Mutternähe, und die wollte er ihm später schon austreiben, wenn draußen die herrliche Natur im Gsod alles Leben hinaus in die Freiheit Gottes lockte. Der kleine Johann Georg sollte erst einmal wachsen, dann würde man weitersehen.

Kapitel 3 –
Johann Georgs Kindheit

Es kam genau so, wie es die Hebamme und der alte Doktor aus Königsfeld mit ihren zweifelnden und kopfschüttelnden Gesten angedeutet hatten. Johann Georg wuchs mit unglaublicher Langsamkeit. Er war ein schwächliches Kleinkind, und das einzige, was die Mutter an Fortschritt vom ersten Moment an zu beobachten schien, waren seine wachen Augen, mit denen er seine Umgebung fixierte und alles zu begreifen suchte, was in der Nähe seines kleinen Bettchens stand. Wie mühsam war es geworden, dem kleinen Jungen das Laufen beizubringen, und Vater und Mutter nahmen es gottgegeben hin, daß der kleine Johann Georg noch mit drei Jahren auf dem Stubenboden hin- und herrutschte und sich mühsam an Tisch und Bänken emporzog, weil seine schmalen Füßchen und seine schwachen Arme es nicht zuwege brachten, daß er wie viele andere Kinder in der weiteren Umgebung bereits lustig auf den Wiesen und Feldern herumtollte, gleichaltrig wie sie waren. Er war der Liebling auf dem ganzen Hof im Gsod, und alle hatten sie eine große Freude an ihm, wenn er mit großen Augen in der Stube beim Gesinde saß und insbesondere die Uhrenfabrikation beobachtete. Bald war er an der Seite seines Vaters und schaute mit wachen Augen zu, wie er Zahnrädchen stanzte, Uhrenanker bog, Platinen fräste und Schilder aus dem weichen Fichtenholz herausschnitt. Dann saß er neben der Mutter und betrachtete, wie sie mit einigen Wibervölkern von den benachbarten Höfen Schilderuhren malte, Blümchenbukette in die Lünetten hineinklebte, Zifferblätter auftrug und Apfelröschen in allen Farben auf die gewölbten Lackschilder aufmalte.

Sein Vater Andreas war in letzter Zeit wenigstens vom Glück des Handlungsreisenden und Johann Georgs Paten Mattäus Fleig begünstigt, der von Stockburg aus, einem kleinen Dörfchen bei Peterzell, die fabrizierten Uhren im ganzen Rheinland verkaufen konnte. Es war gerade dieser kleine Uhrenhändler Mattäus Fleig, der sich besonders des kleinen Johann Georg annahm, weil er bald merkte, daß der kleine Kerl einen wachen und hellen Geist besaß. Und da war noch die zweite Patin des Johann Georg, die Anna Fleig, die mit dem Andreas Haas von Martinsweiler dort in der Schloßmüllerei wohnte und ihm eine gute Patin war. So manches Geschenk ging von Schloßmüllers hinüber in den Gsod, und der kleine Johann Georg hatte trotz seiner körperlichen Gebrechen wenigstens die Freude, Menschen um sich herum zu wissen, die ihn in allem unterstützten und förderten. Es tat ihm weh, wenn draußen in der Natur sein Bruder mit den Jungen und Mädchen von den Nachbarhöfen herumtollte, die Tiere hütete und den Eltern bei der Feldarbeit helfen durfte. Er war allerhöchstens gerade dazu in der Lage, ohne Hilfe im Haus herumzugehen, wobei schon jede Türschwelle und jede steile Stiege im Schwarzwaldhaus für ihn ein fast unüberwindliches Hindernis darstellte.

Der Onkel Mattäus brachte ihm aus der Ferne Bilder mit und erzählte seinem Patenkind aus der weiten Welt, die er mit seinen Uhren erlaufen hatte. Weit war er herumgekommen, von Venedig bis an die Nordsee, tief nach Frankreich hinein, und von alledem war so viel zu erzählen, daß der kleine Johann Georg, an seinen großen Paten gelehnt, stundenlang dessen Erzählungen in sich aufnahm und lächelnd die Geschichten verfolgte. Es war für ihn ein Hochgenuß, bei jedem kirchlichen oder weltlichen Fest, an dem sein Uhrenhändler-Onkel auf dem Hof war, von ihm das liebste zu erbitten, was der Mattäus Fleig sein eigen nannte, Zeit für seinen kleinen Patensohn. Es war für den Patenonkel eine große Freude, wenn sein Schützling ihn um die eine oder andere Geschichte zum wiederholten Mal anging, und nicht selten wurden seine Erzählungen über andere Länder immer ausgeschmückter und genauer, so daß der kleine Johann Georg ein Vorstellungsvermögen bekam, das ihn für sein ganzes Leben prägen würde. Aber das werden wir später sehen.

Andreas' Vater prosperierte in seinen Geschäften, und hier war der Taufpate Johann Georgs nicht eben unschuldig, denn fast die ganze Produktion der Fleig'schen Uhren brachte der rechtschaffene Mattaus in blanken Gulden auf den Stubentisch des Bauernhofes zurück, und bald war der Vater für die damalige Zeit ein recht wohlhabender Mann geworden.

Der Gottlieb Kieninger, der andere Taufpate seines Viertgeborenen Johann Georg, der am Ropertsberg ein schönes Gut sein eigen nannte, riet dem Andreas Fleig schon seit längerem, sich nach einem schönen Hof umzusehen, den er umtreiben könnte, um dort auch in größerem Stil die Uhrenproduktion weiterführen zu können. Bald tat sich etwas Neues auf, denn der Schloßhof in Martinsweiler stand zum Verkauf an. Und so kam es, daß nach längeren, zähen Verhandlungen der Andreas Fleig seinem Wunschtraum etwas näher kam, aus dem kleinen, engen Gsod im Brigachtal in die herrliche Gegend um die Ruine Waldau herüberzuziehen. Oft hatte er mit seiner Anna den Weg gemacht, an manchen Tagen sah man sie am Nonnenberg entlang oben in Kämmerers Wäldle spazierengehen, um von der kleinen Anhöhe auf das liebliche Tal um die Ruine Waldau hinunterzublicken, ihre vielleicht zukünftige Heimat. Je mehr

er sich mit dem Gedanken anfreundete, den Schloßhof zu erwerben, desto intensiver wurde der Kontakt
zur Patin seines Zweitältesten, zur Anna Fleig, die mit
dem Andreas Haas, ihrem Ehemann, nicht weit weg
vom Schloßhof in der Schmalzmühle lebte, einem
malerischen Häuschen, nur einige Steinwürfe weit
vom Schloßhof entfernt. Viele Wege führten sie über
den Bäschenbühl zum befreundeten Bühlhofbauern,
dann wollten sie sich den Hof vom Rappenloch aus
besehen und überquerten das kleine Roggenbächle,
um die herrliche Landschaft um den steinalten Wach-
turm der Ruine zu erkunden. Irgendwann einmal
stand es für die beiden fest, als sie über das Roggenbächle unterhalb des Schloßhofes wanderten, daß der
dort oben liegende, mächtige, freilich etwas herunter-
gekommene Hof ihr zukünftiges Heim sein würde.

Und so kam es auch. Andreas Fleig zählte seine
Gulden dem Notar im nahen Königsfeld auf den
Tisch, und wenige Wochen später, wie wir aus der
Übertragungsurkunde wissen, war der Andreas Fleig
Herr auf dem Schloßhof.

Dann zog die Familie in dem herrschaftlichen Gebäude ein, wovon das Wort herrschaftlich lediglich
im Namen zu stecken schien: Vieles mußte gerichtet
werden, das Dach harrte einer Erneuerung, und fast
reute es den neuen Schloßhofbauern schon, daß er die
kleine Heimat gegen den großen Hof getauscht hatte

und jetzt nur mit eisernem Fleiß wieder auf einen grünen Zweig kommen mußte. Er ging mit umso größerem Interesse daran, mit seinem Hausstand den viel größeren Schloßhof umzutreiben, vergaß aber nie seine Herkunft, nämlich die Uhrmacherei. Und so verging wieder das eine und das andere Jahr mit schwerer Feldarbeit und der abendlichen Uhrenfabrikation, die insbesondere im Winter das ganze Leben im Schloßhof veränderte.

Uhrenträger von Götte Mattäus aus Stockburg gingen im Haus ein und aus und trugen das weg, was in der Stube in emsiger Arbeit zusammengesetzt worden war, der damalige bescheidene Verdienst der Schwarzwälder Uhrmacher.

Aber das Glück meinte es auch diesmal gut mit dem Andreas Fleig und seinem Schloßhof, denn die Mißernten blieben Gott sei Dank in den frühen 60er Jahren des 19. Jahrhunderts aus und die Kriegswirren waren gottlob noch nicht in die Schwarzwaldtäler gekommen, obwohl in jedem Gespräch in den benachbarten Gasthäusern der österreichisch-preußische Krieg und das kommende Ungewitter des deutsch-französischen Krieges das Hauptthema war. Wie immer litten unter derartigen Ereignissen nur einige, und das waren die kleinen Bürger und Bauersleute, deren kleine Geschäfte ganz schnell ins Stocken gerieten und die Not sich dann recht rasch ausbreitete, da keine großen Reichtümer oder Ersparnisse solche Zeitläufte überbrücken konnten.

Sein kleiner Sohn Andreas war überglücklich geworden, von der engen Bergheimat in das lichte, weite Tal von Martinsweiler gekommen zu sein. Hier blühte er sichtlich auf und lebte mit dem Schloßhof und seiner herrlichen Umgebung im Wechsel der Jahreszeiten als ein Naturkind auf. Es war keine Frage, daß er wohl wie seine beiden Vorgänger, Vater Andreas und Großvater Andreas, einmal später Bauernfürst in diesem gottgesegneten Tal werden konnte, und in dieser Gewißheit war er herangewachsen und zu einem kräftigen, fröhlichen jungen Mann geworden, der ganz selbstverständlich in die Fußstapfen seiner Eltern treten wollte. Eine andere Frage des Wohin stellte sich für ihn gar nicht, denn es war niemand anders da, der ihm diesen Rang hätte auch nur im entferntesten streitig machen können. Wie auch! Er war der einzige gesunde, großgewachsene Nachkomme des alten Bauerngeschlechtes der Fleig, und sein kleiner Bruder würde wohl nie auf die Idee kommen, als Jüngster den Bauernhof zu beanspruchen. Er hätte es freilich können, wenn es nach dem alten Schwarzwälder Recht gegangen wäre, daß der Jüngste den Bauernhof erben würde. Klug war es gemacht von den alten Geschlechtern der Täler- und Bergbauern, dem jüngsten ‚Stammen' den Hof und die Weiden und Wälder zu übergeben und die älteren Geschwister auszubezahlen oder als Knechte und Mägde auf dem elterlichen Hof arbeiten zu lassen. Die Alten auf dem Hof waren meist noch junge Leute, wenn der Erstgeborene sich auf einem Bauernhof ankündigte. Auch wenn dieser Erstgeborene zwanzig Jahre alt war, waren die Eltern noch keineswegs soweit, daß sie sich bereits auf das Leibgeding-Haus zurückziehen konnten, dazu waren sie schlichtweg zu jung und zu aktiv, und so hat es die lange Tradition veranlaßt, dem jüngsten Sproß einer Familie den Hof zu übergeben, während die anderen ihm dienen mußten. Die Bauersleute hatten dann noch viel Zeit, auf ihrem Hof die erste Geige zu spielen, bis der Jüngste im Alter war, ihnen das Eigentum abzufordern und sie aufs Altenteil zu schicken.

In unserem Fall war gar kein Gedanke daran zu verschwenden, denn Johann Georg, der kleinere Bruder des künftigen Schloßhofherrn, war immer noch das Sorgenkind der Familie.

Er war ein eigenartiger kleiner Junge geworden, der Johann Georg, ein Einzelgänger und ein sonderbarer Mensch.

Er blieb zeit seiner Kindertage klein und schwächlich, immer unter der Aufsicht der wachen und besorgten Mutter und der Wibervölker auf dem Hof. Auch er hatte den Umzug in die neue Heimat mit großer Freude miterlebt und schaute mit staunenden

Augen auf das herrliche Gut und die wunderschöne Umgebung, in der das alte Bauernhaus mit seinen Scheunen, der Mühle und den Speichern stand. Seinen groß gewordenen Bruder schaute er nur von unten bewundernd und neidisch an, denn er war jetzt gerade einmal, als er in die Dorfschule kommen sollte, nicht einmal einen Meter groß. Wie im Schwarzwald üblich, wurde an den Türpfosten die Größe der Kinder mit einer kleinen Kerbe eingeritzt, und während Bruder Andreas sich jedes Jahr von Kerbe zu Kerbe zu einem stattlichen jungen Mann hinaufwuchs, so blieb der kleine Sorgenbruder Johann Georg bei einem Meter stehen. Er war ein eigenartiger Anblick geworden, der kleine, verkrüppelte, aber sehr gescheite Viertgeborene. Vor allen anderen Dingen fielen bei ihm, so klein er war, die lebendigen blauen Augen auf, mit denen er aufgeweckt und interessiert alles betrachtete und in sich aufnahm. Sein Intellekt war hellwach, und er war seinen kleinen Schulkameraden in der Dorfschule geistig weit überlegen.

Warum das? Wohl deshalb, weil sein bisheriges Leben immer unter Aufsicht der Wibervölker in der Spinnstube oder bei der Uhrenfabrikation stand, er die Gespräche dort mithörte und wegen seiner Körpergröße und der damit verbundenen Schwächlichkeit nicht die vielen Stunden draußen in Feld und Wald mit den Gleichaltrigen zum Spielen gehen konnte. Johann Georg wurde früh mit der Welt der Erwachsenen vertraut, und er war schon in den ersten Klassen der Dorfschule der Gescheiteste und geistig am weitesten Fortentwickelte, so daß der Volksschullehrer ihn mit den Altersgenossen nicht mehr unterrichten konnte. Der kleine Johann Georg war seinen Gleichaltrigen weit voraus. Wären da nicht seine körperliche Schwäche und sein zwergenhaftes Aussehen gewesen, so wäre bestimmt der Dorfschullehrer auf den Gedanken gekommen, dieses kleine, hochbegabte Bürschlein in die nächstbeste Schule zu schicken, um ihm etwas anderes beizubringen als die Baurerei, das Uhrenschnitzen oder die Tieraufzucht.

Der kleine Johann Georg blieb eher gelangweilt für etliche Jahre in der kleinen Dorfschule von Buchenberg, in die ihn jeden Morgen der Vater, manchmal die Mutter oder ein Wibervolk hinüberbrachte, vorbei am Muggenlocher Wald und dann den Berg hinauf, am Moos vorbei über den Herrenacker bis zur Dorfschule in Buchenberg. Die Schule in diesem malerischen Ort liegt zwischen steinalten Bauernhöfen und beherbergt nicht nur den Dorfschulmeister sowie die acht Volksschulklassen in einem einzigen Raum, sondern daneben auch noch das Domizil des Dorfschultheißen.

Brave protestantische Bauern lebten dort, verhaftet in alten Traditionen der allerbesten Art, die Schwarzwälder Bauersleute auszeichneten: Zäh, tief religiös, zurückhaltend, geprägt von tiefer Menschlichkeit. Dafür hatten schon großartige Geister wie der Pfarrer Ledderhose und der Pfarrer Martini gesorgt, daß diese positiven Eigenschaften in den Herzen ihrer bäuerlichen Bevölkerung, die ihnen anvertraut war, auch so weitertradiert wurden.

Und so kam es, daß der kleine Johann Georg trotz seiner Behinderung einen festen Platz in dieser Schule bekam, und er machte sein zwergenhaftes Aussehen durch eine überdurchschnittliche Intelligenz beim Dorfschullehrer und bei seinen manchmal rabaukenhaften Mitschülern um Längen wett. Wenn es darum ging, Neues aus der damals noch engen Welt zu verstehen, dann war es der kleine Johann Georg, der mit offenen Ohren und wachen Augen an den Lippen seines Dorflehrers hing, und bald kam der Zeitpunkt, daß der gute Dorfschulmeister ihm nichts mehr beibringen konnte.

Ganz zaghaft kam anfänglich der Rat des Pädagogen an die Eltern, die ihren klein gebliebenen Buben von der Schule abholen mußten, ihn doch irgendwohin zur Ausbildung zu schicken, vielleicht auf eine benachbarte Schule oder auf ein Gymnasium.

Der Andreas und die Anna hörten es mit Stolz, und sie dankten ihrem Herrgott, daß der kleingebliebene Jüngste wenigstens vom lieben Gott doch noch

Johann Georgs Kindheit

mit Talenten gesegnet war, die ihm vielleicht das Leben lebenswert machen konnten. Es war nämlich alles andere als gewiß, was aus einem solchen kleinen Wesen werden sollte, wenn er nicht tatkräftig in Haus und Hof zupacken konnte. Zum Schloßhofnachfolger war er niemals geeignet, und trotzdem hätte es ihm von Rechts wegen zugestanden. Also wurde im Schloßhof lange hin und her gerätselt, was aus dem kleinen Johann Georg denn einmal werden sollte. Auch wurde der Pfarrer Martini gefragt, ob er nichts wüßte, wo man den offensichtlich hochbegabten Jungen weiter ausbilden könne. Die ganze Hoffnung wurde auf diesen Pfarrer gesetzt, denn beiden Eltern war es klar, daß nur durch eine gute Schulausbildung und einen passenden Beruf dem kleinen Johann Georg ein wenig von der irdischen Gerechtigkeit widerfahren könnte, die ihm von der Natur nicht gegeben war.

Und der Pfarrer Martini wußte Rat. Nur wenige Zeit später kam von einer benachbarten Schule die schriftliche Aufforderung, sich mitsamt dem kleinen Jungen einmal vorzustellen. Die Unterschrift des Schreibens war von einem Alexander von Schweinitz, dem Direktor der Zinzendorfschulen im benachbarten Königsfeld. Pfarrer Martini hatte von der braven Familie wohl genug berichtet, daß der neu gewählte Direktor den kleinen Johann Georg gerne kennenlernen wollte. Und so liefen die Eltern, an der Hand den kleinen Johann Georg, eines schönen Frühlingstages von der Waldau am Winterberg vorbei über die Schloßhalde der Zinzendorfschule zu, die an der Straße nach Mönchweiler lag. Beide Eltern waren froh und glücklich, für ihren von der Natur so mißgestalteten, kleinen, intelligenten Jungen eine Ausbildungsmöglichkeit gefunden zu haben.

Freundlich wurden sie empfangen, und der Geist der braven Herrnhuter ‚Gemeine' behagte den einfachen Leuten vom Schloßhof sehr. Der kleine Johann Georg blickte etwas unsicher vor sich hin, als er die großen, eben erst entstandenen, neuen, hohen Gebäude der Schule zum ersten Mal sah, denn bisher hatte er nur die Dorfanstalt im Rathaus von Buchenberg kennengelernt.

Der Direktor Alexander von Schweinitz hatte seine Freude an dem kleinen Knaben, und sein tiefer christlicher Geist, verbunden mit einer hervorragenden pädagogischen Sendung, hatte sich sofort entschlossen, dem kleinen, verkrüppelten Menschlein eine Chance in seinem Leben zu geben. Bald war man sich handelseinig, und Johann Georg wurde in die Reihen der Schüler aufgenommen, freilich nur als externer Ortsschüler, denn das teure Schulgeld für ein Internat konnten sich die Schloßhofleute beileibe nicht leisten. Es wäre auch besser so, meinte der Direktor, den kleinen Jungen in seiner gewohnten Umgebung zu belassen und nur in der Schule auszubilden, denn die Bedürfnisse eines Behinderten waren in der damaligen Zeit noch gar nicht abzuschätzen.

Und so trippelte Johann Georg als angehender Zinzendorfschüler frohen Herzens und leichten Fußes wieder nach Hause, am Angelmoos vorbei, überquerte den Bäschenhof, lief am Roggenbächle hinunter und überquerte das kleine Brückchen, das den alten Hauertweg vom Gelände des Schloßhofs trennte.

Jetzt begann auch für den Johann Georg ein hoffentlich gleichberechtigter Weg wie für alle übrigen Kinder, denen der liebe Gott gesunde Glieder in die Wiege mit hineingelegt hatte.

Der kleine Johann Georg ging nun jeden Tag den Weg vom Schloßhof hinunter, überquerte täglich zweimal das kleine, steinerne Brückchen und ging hinauf auf den alten Hauertweg, einen alten Kirchweg von Königsfeld, der bis zum Sägeweg hinabführte und Königsfeld mit der Waldau verband. Meist war ein Knecht oder ein Wibervolk vom Hof mit dabei, aber der kleine Junge nahm sich vor, den Weg auch allein zu meistern. Über eine Stunde Fußweg war es vom heimatlichen Hof bis an die Mönchweiler Straße in Königsfeld, und für Johann Georg war der Weg sicher noch um einiges weiter, aber was soll's? Manchmal nahm ihn ein Leiterwagen oder ein Fuhrwerk vom Weiherhof oder vom Sägewerk mit oder der freundliche Müller von der Nonnenmühle oder der Schloßmühle ließ ihn aufsitzen. Johann Georg war weithin bekannt, sein Vater, ein inzwischen behäbiger, großer Bauer geworden, der überdies noch den einen oder anderen Angestellten aus der Region in sein Haus aufgenommen hatte, um weiter Uhren zu produzieren.

Der kleine Johann Georg war jedoch nach etlichen Wochen ganz in seinem Element, er war glücklich, konnte lachen und beneidete seinen Bruder nicht mehr so sehr darum, daß dieser mit Pferd und Stier auf dem heimischen Hof bereits mit Leichtigkeit umgehen konnte und schon in der Lage war, hinter seinen Tieren schnurgerade Furchen auf den ausgedehnten Feldern hinter dem Schloßhof herzuziehen, eine der ehrenvollsten bäuerlichen Taten im Schwarzwald, die nur der Tüchtigste auf einem Hof tun durfte. Für ihn war nicht daran zu denken, jemals in seinem Leben so etwas zu können, aber die Zinzendorfschule schien den kleinen Johann Georg zu beflügeln. Mutter und Vater freuten sich, daß der Pfarrer Martini mit seinem guten Rat, den Jungen in diese Anstalt zu bringen, wohl genau das Richtige getroffen hatte: Johann Georg lernte mit wahrer Begeisterung und wurde zu einem Musterschüler. Der brave protestantische Geist in dieser Schule hatte es zuwege gebracht, daß seine körperliche Behinderung auf ein erträgliches Maß zurückgeführt werden konnte und die gesunden Schul- und Klassenkameraden ihn ästimierten und respektierten. Letzteres sogar weil es sich rumgesprochen hatte, daß der Junge aus dem Schloßhof ein ganz besonders gescheiter und fähiger Kopf sei, daß die äußerliche Benachteiligung nur zweitrangig wäre: Der Johann Georg Fleig hat's eben mehr im Kopf als in seinen kurzen, kleinen Armen und Beinen.

Die ersten Jahre seiner Schulzeit in der Zinzendorfschule gingen wie im Flug vorbei, und Johann Georg freute sich über die neue Welt des Lernens und Verstehens, die er in der kleinen Dorfschule in Buchenberg doch nur in ganz geringem Maße hat erleben dürfen, vor allen Dingen deshalb, weil er seinen bäuerlichen Schulkameraden eben geistig weit überlegen war.

Das christlich-protestantische Elternhaus, in das er hineingeboren wurde, war jedoch stets seine eigentliche Heimat im Schloßhof wie in der Zinzendorfschule. Er lernte dort großartige Theologen kennen, teilweise aus anderen Ländern, was für die damalige Zeit eine absolute Rarität war. So hatte er Unterricht bei englischen Lehrern wie James Oates, bei Benjamin Latrobe, bei Jules Mayor und bei William Gibbs, und auch vom französischen Theologen Henri Delachaud wissen wir, daß er den kleinen Fleig unterrichtete. Es war damals die Zeit, in der die protestantische Theologie und Erziehung eine einsame Stellung in der Pädagogik der deutschen Schulen innehatte. Form und Inhalt dieser Schulen waren beispielhaft für ganze Generationen. Johann Georg hatte das Glück, in eine der weltoffensten Schulen gelangt zu sein, die auf dem hohen, abgeschiedenen Schwarzwald überhaupt denkbar war. Die armen Dorfschulmeister in den kärglich eingerichteten Schulräumen, meist nur bestehend aus einem einzigen, ungeheizten Klassenzimmer, taten das ihrige, um die Kinder auf das Leben der damaligen Zeit vorzubereiten. Viele der damaligen höheren Schulen waren oft nichts als muffige, rechthaberische, religiöse Anstalten, die den Menschen nach ihren vorgelegten Dogmen formten. Nicht so die Zinzendorfschule, denn allein durch die Anzahl der Lehrer, die aus halb Europa sich auf dem Schwarzwald trafen, war die Weitsichtigkeit in der Pädagogik bereits Grundgebot und Folge dieser Personalpolitik.

Johann Georg brachte sehr gute Zeugnisse mit nach Hause, in denen zu lesen stand, daß der junge Mann vom Schloßhof sich erfolgreich unter den über hundert Schülern des Internats und der Ortsschule durchgesetzt und bewährt hat.

Der Stolz zu Hause im heimatlichen Hof konnte nicht größer sein, als der kleine Johann Georg sein

Zeugnis mitbrachte, das seine guten Leistungen zeigte. Vater und Mutter überlegten nach jeder dieser schriftlichen Belobigungen, was wohl aus dem kleinen Jungen werden sollte. Gerne hätten sie es natürlich gesehen, daß der Johann Georg auf ‚geistlich‘ studierte, aber was mit dem kleinen Mann anfangen? Auf keinem Altar hätte er etwas darstellen können, auf keiner Kanzel wäre er akzeptiert worden, und was gab es sonst noch für Berufe, die für einen derartig mißgestalteten, kleinen Mann gepaßt hätten? Trotz aller Erfolge in der Schule blieb er das Sorgenkind der Familie, und oft saßen Eltern und Paten beieinander und wußten nicht recht, welchen Beruf sie ihm raten sollten. Die Zinzendorfschule würde aber sicherlich schon Rat wissen. Davon waren sie überzeugt.

Kapitel 4 –
Johann Georg und seine neuen Interessen

Johann Georg wurde ein ausgezeichneter Schüler. Eine Belobigung nach der anderen wurde ihm zuteil, und die Lehrer bescheinigten ihm nicht nur ein hohes Maß an Intelligenz, sondern auch eine tiefe Religiosität, die er zeit seines Lebens beibehalten würde.

In allen Fächern hatte er gute Zensuren, aber in manchen – hervorragende. Die Eltern wußten mit diesen Fächern nicht so recht etwas anzufangen, da sie davon noch nie gehört hatten. Die Schulbildung auf dem Schloßhof und in den übrigen umliegenden Bauernhäusern bestand in der Regel im Lesen und Schreiben, im evangelischen Religionsunterricht, im Rechnen und – was die Mädchen betraf – im Nähen und Hauswirtschaften. Was sollte denn sonst in dieser ländlichen Gegend von großer Wichtigkeit sein? Die ewigen Gesetze galten doch schon seit Menschengedenken: Junge Menschen erlernen das bäuerliche Handwerk, die Mädchen das Hauswirtschaften, und das ging mehr oder weniger schon immer so.

Für Johann Georg Fleig hingegen war die Situation plötzlich anders geworden. Ob er je mit seiner Körpergröße von inzwischen gerade einmal 1.30 Meter eine Frau finden würde, war sehr unwahrscheinlich, also fiel die Sache mit der Hauswirtschaft schon einmal weg, und die Übernahme eines Bauernhofes war undenkbar. Lange dachten die Eltern über ein Handwerk nach, das der Kleine vielleicht erlernen könnte, aber was gab es für Möglichkeiten? Ein Schreiner, ein Bäcker, ein Metzger oder ein Schuster waren bereits viel zu anstrengende Berufe für Johann Georg, und der Vater dachte in allererster Linie daran, daß er vielleicht in das elterliche Heimarbeitsgeschäft mit den Uhren eintreten könnte. Und so wurde auf dem Schloßhof sogar ein kleiner Schopf nach hinten gebaut, in dem die Uhrenfabrikation vergrößert werden sollte. Aber auch zu diesem Handwerk brauchte man körperliche Kräfte, die Johann Georg nur schwerlich aufbringen konnte. Das Sägen der Holzteile einer Schwarzwalduhr erforderte wiederum einen Mann, das Stanzen und Fräsen hätte er mit seiner Körpergröße wohl auch nicht geschafft, und so wäre die ganze gute Idee mit der Fabrikation von Uhren auch wieder hinfällig gewesen. Aber was gab es für einen Ausweg?

Der kleine Johann Georg trippelte jeden Tag in die Schule, wie wenn dort drüben über dem Winterberg ihm eines Tages auch gesagt werden würde, wie er sein zukünftiges Leben gestalten sollte.

Er war inzwischen ein fester Teil des Zinzendorfgymnasiums geworden, von jedem wohlgelitten, aber einen großen Freundeskreis konnte er sich nicht erwerben, dazu waren seine Körpergröße, sein eigenartiges Gesicht und seine hohe Stimme nicht gerade förderlich, ihn im Kreis seiner gesunden Mitschüler aufzunehmen. Die Religionslehrer hatten seine Klasse natürlich immer wieder still und beharrlich darauf hingewiesen, daß der liebe Gott in seiner Schöpfung auch weniger gut ausgestattete Exemplare geschaffen hatte, was zu seinem eigenartigen Schöpfungsplan gehören sollte, und hatten damit ihren kleinsten, verkrüppelten Schüler vor allen Übergriffen der Naturbevorzugten geschützt. Aber trotz aller äußerlich korrekten Behandlung war er immer ein Außenseiter und einsam geblieben. Wenn Johann Georg bei schwierigen Fragen in der Schule doch recht häufig die Antwort wußte und seine gesunden Banknachbarn durch sein Wissen beschämte, tat dies das übrige dazu, ihn als Sonderling zu sehen, wenn das auch äußerlich nicht so sehr in Erscheinung trat. Er war ein einsamer und trotzdem jedermann zugetaner Mensch, der eben damit leben mußte, daß er unprivilegiert war. Es ist fast ein Wunder, daß der kleine Johann Georg nicht mit seinem Herrgott wegen seiner kurzen Gliedmaßen haderte und zankte, sondern sich eine tiefe Religiosität be-

Johann Georg und seine neuen Interessen

wahrte, die im Laufe seines Lebens noch intensiver wurde.

Aber auch in der Zinzendorfschule wußte in den ersten Jahren niemand so recht, was aus dem Kind werden sollte. In den Lehrerkonferenzen wurde oft darüber gesprochen, welche Möglichkeiten man für den kleinen Johann Georg wohl haben würde, ihn später in einen geachteten Beruf hineinzubringen. So leid es ihnen tat, so deutlich mußten selbst die evangelischen Theologen ihrem Lieblingsschüler mitteilen, daß er wohl für irgendein Amt in der Kirche nicht geeignet sei.

Dies störte den Johann Georg offensichtlich nicht, denn selbst eine derartige Absage ergab keinen Bruch in seinem religiösen Leben. Er bahnte sich selbst seinen Weg. Beim nächsten Zeugnis fiel wieder auf, daß Johann Georg ganz besonders in einigen Fächern eine herausragende Note bekommen hatte, nämlich in den Naturwissenschaften und im Zeichnen.

Sein nächster Klassenlehrer merkte dies sofort und überlegte, wie er den kleinen Johann Georg fördern könnte, und dieser Mann war sein großes Glück. Heinrich Barth, ein Theologe, der im Mai 1866 nach Königsfeld kam, unterrichtete den kleinen Johann Georg in Musik und den bildenden Künsten und merkte sehr rasch, daß dieser Schüler eine besondere Begabung sowohl für das Handwerkliche und das

Zeichnen als auch für die Naturwissenschaften hatte. Er selbst war Organist mit hervorragenden künstlerischen Kenntnissen, dem der kleine Johann Georg sicher öfters in der Schulkirche zugehört hatte. Gerne hätte auch er dieses Instrument gelernt, aber es war unmöglich, auch nur daran zu denken! Seine kleinen Hände waren nicht in der Lage, die Orgel zu schlagen, und mit seinen kurzen Beinen wäre er an kein Pedal herangekommen.

Also was tun? Johann Georg Fleigs Lieblingsbücher waren die ‚Naturgeschichte des Dr. Harald Otmar Lenz', ein mehrbändiges Werk, das ihm von der Knabenanstalt in Königsfeld im Jahre 1872 geschenkt wurde.[3] Heinrich Barth hatte 1866 an der Schule begonnen zu lehren, und er begann in frühester Zeit seiner Lehrertätigkeit in Königsfeld sich mit der von Frankreich herüberkommenden Fotografie zu beschäftigen. Die ersten Daguerreotypien waren bereits

---

[3] Die gemeinnützige Naturgeschichte von Dr. Harald Otmar Lenz aus dem Jahre 1835, in Gotha gedruckt, liegt heute noch im Buchenberger Archiv und trägt neben dem Stempel der Knabenanstalt Königsfeld den Stempel von Johann Georg Fleig, Buchenberg, auf der Titelseite. Dieses Fach wurde in der Regel in der Zinzendorfschule in den höheren Klassen gelehrt, und das vorliegende Naturgeschichtsbuch war das eigentliche Lehrbuch, das Johann Georg benützte. Es ist zerlesen und jede Seite trägt Anmerkungen, Kommentare und Unterstreichungen. Er hat dieses Buch bis zu seinem Tod bei sich aufbewahrt.

Johann Georg und seine neuen Interessen

bekannt geworden, und bald hatte sich herumgesprochen, daß diese neue Technik der Abbildung von Gegenständen wohl eine Zukunft haben dürfte, wenn auch die ansässigen Maler und Zeichner das Ganze noch für ein Teufelszeug hielten. Heinrich Barth durfte mit wohlwollender Prüfung durch Herrn von Schweinitz, seinen Direktor, die ersten vorsintflutlichen Geräte kaufen und fing an, in der Schule ein Fotolabor einzurichten, in dem er eifrig experimentierte. Kaum ein Jahr später war dieses geduldete Privatinteresse des begnadeten Lehrers zu einem fakultativen Schulfach geworden, das die fortschrittliche Schulleitung sehr gerne eingeführt sah. Alle übrigen benachbarten Schulen hatten nicht verstanden, daß eine derartige Technik weitergegeben werden mußte, und so blieb die vorbildliche Zinzendorfschule das erste Institut auf dem hohen Schwarzwald, das dieses neuartige Verfahren seinen Schülern mitgeben wollte.

Der kleine Johann Georg war begeistert, nicht nur von seinem neuen Lehrer, der ihm seine ganze Aufmerksamkeit schenkte, sondern auch von dieser neuartigen Weise der Abbildung von Gegenständen, von Landschaften und Personen, wie sie bisher nur von wenigen gelernt und gelehrt worden war, nämlich den Malern und Bildhauern. Kein Wunder, daß er, kaum hatte Heinrich Barth sein Fotolabor in Betrieb, wie ein Wiesel auf seinen kurzen Beinen hinter ihm herfegte, um eben das genau zu lernen, was er mit seinen kurzen Gliedern mindestens genausogut zustande brächte wie seine Klassenkameraden: Die Fotografie wurde sein liebster Zeitvertreib. Johann Georg lernte unter der Anleitung seines neuen Lehrers die ersten Schritte mit den hölzernen Fotoapparaten und ihren eigenartigen gläsernen Augen zu gehen, er lernte etwas über Belichtungszeiten und vor allen Dingen über das spätere Herstellen von brauchbaren belichteten Fotoplatten, die damals eine Allgemeine Gesellschaft für angewandte Fotografie in Berlin herstellte, die ‚Agfa'-Fotoplatten.

Freilich ging es sehr bescheiden zu im neuen Fotolabor der Zinzendorfschule. Das allgemeine Interesse an dieser neuen Methode war eher verhalten – ganz im Gegensatz zu unserem kleinen Johann Georg, der von sich aus merkte, daß seine Zukunft vielleicht in diesem neuen Handwerk liegen könnte. Er war auch weiterhin der interessierteste Schüler in naturwissenschaftlichen Fächern wie Biologie, Zoologie, Botanik, und seine Lehrer bescheinigten ihm auch weiter die besten Zensuren in den Fächern Zeichnen und Religion, aber seine plötzliche Liebe zu diesem neuartigen Fach der Fotografie war entbrannt, und bald verschwanden Johann Georg und sein großer Lehrer Heinrich Barth immer häufiger in der Dunkelkam-

Johann Georg und seine neuen Interessen

mer, um sich selbst in der neuen Kunst weiterzubilden, gab es doch damals weder erschöpfende Lehrbücher noch genaue Anleitungen für eine allgemeine Fotografielehre. Jeder in der damaligen Zeit beschäftigte sich mehr oder weniger mit seinen eigenen Ingredienzien für die dazu benötigte Chemie, baute seine hölzernen Fotografiekästen selbst, und für die Nachverarbeitung der belichteten Fotoplatten gab es noch keine festen Regeln. Johann Georg lernte Erfolg und Mißerfolg dieser Technik am eigenen Leib kennen und bemerkte, daß auch sein wohlwollender Lehrer in dieser Kunst aufs probieren angewiesen war. Vielleicht war es gerade das, was Johann Georg bewegte, in dieser bis jetzt noch wenig beachteten Technik ein Meister zu werden.

Kapitel 5 –
Johann Georg, was willst du werden?

Johann Georg war älter geworden, und er war trotz seiner nun schon siebzehn Jahre ein schwächlicher, kleiner Mann geblieben, kaum daß er 1.30 Meter maß. Zu Hause auf dem Schloßhof ging das Leben seinen gewohnten Gang. Glück hatte er, der Andreas Fleig, sein braver Vater, und zwar im Feld wie im Stall, und das war in der damaligen Zeit wohl nicht selbstverständlich. Der große österreichisch-preußische Krieg war schon Geschichte, die Schlachten in Frankreich im 70er Krieg waren geschlagen, und manche Todesnachricht war die Täler vom Rhein heraufgekommen über Hornberg, Triberg bis nach St. Georgen und Peterzell und kündete von den großen Waffentaten des Kaisers und des Fürsten Bismarck, aber auch von den Hekatomben voll Blut und Elend, die damit verbunden waren. Es war auffallend still in der politischen Welt, und der übermächtige Fürst Bismarck hatte mit eisernen Reifen das Reich zusammengeschmiedet. Für Freiheitsgedanken blieb in dieser eisernen Enge kein großer Raum, und die Begeisterung für das wiedergewonnene Reich und den Nationalstaat verdrängte für viele Jahre jegliches Aufmucken von unten, das heißt vom braven bäuerlichen Volk, das auch diese Wendung der Geschichte als gottgegeben hinnahm.

Johann Georg ging immer noch in die Zinzendorfschule. Ungewöhnlich ist dieses Schulprojekt mitten im abgeschiedenen Schwarzwald. Das Städtchen Königsfeld entstand nämlich erst 1806 als Siedlung der Herrnhuter Brüdergemeine, wobei das ‚Gemeine' nichts anderes hieß als eine Gemeinschaft. Einheimische und Neusiedler verwirklichten mitten im Schwarzwald in einem dünn besiedelten Gebiet das Ideal einer weltweit ausstrahlenden Kirchengemeinschaft. Vorbild war Herrnhut in der Oberlausitz. Dort hatte Nikolaus Ludwig Graf von Zinzendorf (1700 – 1760) den verfolgten Nachkommen der in der böhmischen Reformation wurzelnden Brüderunität 1722 eine neue Heimat gegeben. Es wurde die ‚Mährische Kirche', die ‚Moravian Church', die schulisch, diakonisch und missionarisch weltweite Bedeutung gewann. Die Königsfelder Schulen hielten die zeitlos gültigen christlichen Grundsätze Zinzendorfs lebendig. Er war ein vorbildlicher Fürsprecher freier, von verständnisvoller Zuwendung begleiteter Entfaltungsmöglichkeiten. Einer seiner wesentlichen Grundsätze lautete: ‚Man soll die Kinder nicht zu Kopien machen, sondern dem Lauf der Natur nachgehen und ihn heiligen.' Dieses Schulwerk in Königsfeld bestand nun schon seit 1809 und war ein anerkannter und weltoffener Anziehungspunkt für Kinder aus allen Schichten der Bevölkerung.

Wichtige Aspekte der christlichen Erziehung auf der Grundlage des Evangeliums waren verständnisbereite Nächstenliebe und Toleranz.

Johann Georg hatte dies in dieser Schule gefunden, und der von der Natur so benachteiligte, kleine, zwergenhafte Mann war als Ortsschüler zu einem selbstbewußten Menschen herangereift, der sich anschickte, trotz seiner schweren Behinderung draußen im Leben seinen Mann zu stehen. In der Atmosphäre dieser Schule fühlte er sich wohl, zusammen mit den Mitschülern aller Konfessionen und etlicher Nationalitäten. Johann Georg identifizierte sich mit seiner Schule, die aus dem bedauernswerten Krüppel eine selbstbewußte Persönlichkeit gefördert hatte.

Die alte christliche Tradition, das christliche Menschenbild, Toleranz und Weltoffenheit und gleichzeitige Modernität prägten schon 1870 das Bild dieser Schule in einer gelungenen Symbiose. Das Schulwerk der Brüdergemeine hatte an ihm alles Gute bewirkt, denn aus einem unbrauchbaren Krüppel wurde der selbstbewußte Maler, Zeichner und Fotograf Johann Georg Fleig.

Sein Lehrer Heinrich Barth gab ihm weiter, was er von dieser Kunst wußte, aber bald war es ihm nicht mehr genug und der junge Johann Georg besorgte sich

Johann Georg, was willst du werden?

weitere Literatur.[4] Heinrich Barth beschrieb seinem Schützling die Kenntnis, daß eine Landschaft oder ein Haus vor dem Fenster eines verdunkelten Raumes durch ein kleines Loch im Fensterladen ein umgekehrtes Abbild auf eine Wand oder einen Bildschirm wirft und erklärte ihm das als den Effekt der Camera obscura. Schon im Mittelalter hatte man diese Kenntnis zur Beobachtung von Sonnenfinsternissen benutzt. Daß die Kunst der Fotografie mit der des Zeichnens ganz nah zusammenhing, war dem Meister wie seinem Schüler bald klar. Als Zeicheninstrument von perspektivischer Genauigkeit erfreute sich nämlich die Camera obscura, die auch in Königsfeld ausprobiert wurde, großer Beliebtheit. Schon Zeichner der Renaissance bis zum 19. Jahrhundert hatten diese Technik benützt. Durch das Einsetzen einer bikonvexen Linse erzielte Girolamo Gardano 1550 die größere Helligkeit und Schärfe des Bildes, die der große Italiener Daniele Barbaro durch den Einbau von Blenden schon im Jahre 1568 noch steigern konnte.[5]

---

[4] Die Literatur von Johann Georg Fleig, die er damals benutzte, findet sich noch zum Teil in seinem Nachlaß in einem Koffer, der von der Gemeinde Buchenberg im Museum aufbewahrt wird und teilweise seine Schulbücher, teilweise spätere Literatur enthält.

[5] Die folgenden Sätze stammen aus unterstrichenen Passagen eines Lehrbuches über die Fotografie von Johann Georg Fleig aus der Bibliothek der Knabenanstalt Königsfeld.

Im 17. Jahrhundert wurden verschiedene Formen von tragbaren Holzkästen konstruiert, sogenannte ‚Camera obscura portabilis'. Und schon ein Johann Zahn entwarf 1685 die erste portable Spiegelreflexkamera, die das Kopieren der Abbildung wesentlich vereinfachte, aber leider war das chemische Verfahren des Films oder der Platte noch nicht erfunden. Dies hatte 1614 Angelo Sala herausgefunden, nämlich daß Silbernitrat sich an der Sonne schwärzt. Er meinte jedoch, daß dies durch die Wärme geschah, und erst Johann Heinrich Schulze konnte 1727 nachweisen, daß die Schwärzung nicht durch Wärme, sondern durch Licht bewirkt wird. Es war ein Engländer namens Thomas Wedgwood (1771 – 1805), der nach 1800 optisch und chemisch versuchte, die ersten fotografischen Tests durchzuführen. Er konnte schon Silhouetten herstellen, auch Hinterglasbilder kopieren, aber das Silbernitratpapier war zu schwach für die Aufnahmen der Camera obscura. Auch fand Wedgwood kein Fixiermittel. Und so benötigte es weiterer Jahrzehnte, bis diese Kunst auf den hohen Schwarzwald kam. Die erste Fotografie, die der kleine Johann Georg Fleig in seinem Lehrbuch abgebildet sah, war von Josef Nicéphore Niépce, die er im Jahre 1826 vorstellte. Es gelangen ihm heliographische Reproduktionen eines Stiches im Kontaktverfahren. In den folgenden Jahren war dieser Mann dabei, solche heliographische Versuche auch auf

Johann Georg, was willst du werden?

lithographischem Stein und auf Metall, nämlich Zinn, Zink und versilberten Kupferplatten herzustellen, eine Methode, die noch der Kunst der Lithographie und des Stahlstiches oder Kupferdrucks sehr ähnlich war. Das Niépce'sche Jod-Silber-Verfahren wurde von einem Konkurrenten, nämlich L. J. L. Daguerre zu einer Daguerreotypie, und der Erfinder verschwand.

Daguerre brauchte noch am 19. August 1839 eine Belichtungszeit von 30 bis 60 Minuten, um ein Porträt zu erstellen. Erst 1841 wurde die Fotografie aus dem Stadium des Versuchs der Wissenschaft zu einem allerersten Porträtstudio in London. Die Daguerreotypien konnten nicht vervielfältigt werden, was ein großer Nachteil war. Und erst W. H. F. Talbot fing im Jahre 1834 an, mit Silberchlorid und mit Silberbromidschichten auf Papier zu experimentieren, und im Jahre 1841 wurde die Kalotypie präsentiert, die den heutigen Schwarz-Weiß-Bildern vom Verfahren her in etwa ähnlich ist. Die allerersten Fotografien, die veröffentlicht wurden, waren die Kalotypien zu Illustrationszwecken in ‚The Pencil of Nature', einem mit Fotografien illustrierten Buch, das sich zur damaligen Zeit auch in den Händen von Johann Georg Fleig befand. Ein Direkt-Positiv-Papierverfahren verwendete Sir John Herschel mit einem Glas als Träger der lichtempfindlichen Schicht. Auch dieses Bild kannte Johann Georg Fleig und hat es sicherlich oft in seinem

Lehrbuch angesehen, einer seiner beruflichen Vorfahren in dieser neuen ‚Schwarzen Kunst'.

Zum allerersten Mal wurde der kleine Johann Georg auch mit den ersten stereoskopischen Glasbildern konfrontiert, die es ab 1856 gab, zu dem Zeitpunkt, als die ersten doppellinsigen Stereokameras von John Benjamin Dancer aus Manchester auf den Markt kamen – und 1867 den Weg auf den hohen Schwarzwald in die Zinzendorfschule nach Königsfeld fanden. Die Linsen waren 6 – 10 cm seitlich verstellbar, zwei Aufnahmen wurden gleichzeitig aufgenommen und danach durch eine Optik binokular betrachtet, was eine Art der räumlichen Darstellung suggerierte.

Das war der Stand des Wissens von Johann Georg Fleig und seines Lehrers Heinrich Barth, und beide saßen sicher Stunden und Tage in ihrer kleinen Dunkelkammer in einem Seitenflügel der Zinzendorfschule und machten eifrig Versuche der Entwicklung und der Fixierung ihrer draußen in der freien Natur gewonnenen fotografischen Ergebnisse.

Die Kameras waren zur damaligen Zeit noch unförmige Kästen aus Hartholz, die an der Vorderseite mit einer messinggefaßten Glaslinse bestückt waren und an der Hinterseite einen Zugang zur eigentlichen Kamera hatten. Man mußte aber mit dem neuen Silbernitrat, das im nassen Zustand auf eine Glasplatte aufgetragen und gleichzeitig belichtet werden mußte, stets eine komplette Dunkelkammerausrüstung samt Zelt mitschleppen. Es war nicht möglich, die vor Ort durchgeführten Aufnahmen zu einem späteren Zeitpunkt in Ruhe zu entwickeln und zu bearbeiten. Und so war es wiederum ein zusätzliches Hindernis für unseren kleinen Johann Georg, daß das Gewicht einer Kamera samt Dunkelkammerausrüstung etwa 50 – 60 Kilogramm betrug. Das Glasnegativ – der Kolloidfilm war noch längst nicht erfunden – mußte an Ort und Stelle sensibilisiert, belichtet, entwickelt, fixiert und gewässert werden, da der feuchte Zustand mit der Beschichtung höchstens 15 Minuten anhielt. Die Abzüge wurden auf dem 1850 von Louis-Désiré Blanquart-Evrard entwickelten Albuminpapier hergestellt. Es war ein sehr feines Glanzpapier, das mit Eiweiß fundiert und mit Silbernitrat sensibilisiert wurde. Anschließend folgte noch eine Goldtönung, um dem gelblichen Albumin ein besseres Aussehen zu verleihen. Das Naß-Kollodium-Verfahren hielt sich wie auch das Albuminpapier nur bis zur Einführung der Gelatine-Trockenplatten und des Bromsilberpapiers nach 1880, also zu einer Zeit, als Johann Georg Fleig längst die Schule verlassen hatte.

Das war der Stand des Wissens zu seiner Schulzeit, und Johann Georg wußte mit seinen Platten und seiner Kamera umzugehen, bald besser und sicherer als sein Lehrer Heinrich Barth, mit dem ihn eine große Freundschaft verband.

Es hatte sich schnell herumgesprochen, was Johann Georg in der Dunkelkammer der Schule an Herrlichem zusammenbrachte: Es war sein neues Leben, und wie in allem Wissenschaftlichen vervollständigte er sein Wissen durch eifriges Lesen in der gut bestückten Schulbibliothek. Aber über die Fotografie war zum Zeitpunkt um 1873/74 noch nicht allzuviel zu erhalten, gab es doch überhaupt in der Weltgeschichte nur Marginalien zu dieser neuen Technik. Er brachte bald die eine oder andere Fotografie mit nach Hause und zeigte den staunenden Familienangehörigen die ersten Ergebnisse seiner Schwarzen Kunst, wie er sie nannte. Da gingen den Bauern in der Umgebung des Schloßhofes bei den abendlichen Zusammenkünften die Augen über, als sie sehen konnten, wie der kleine, mißgestaltete Johann Georg die herrlichsten Bilder dem erstaunten Publikum herumreichte.

Noch war ihm nicht ganz klar, was er in seinem Leben mit diesem schönen Zeitvertreib der Technik anfangen konnte, aber es wurde ihm langsam immer klarer, als er sah, wie groß die Nachfrage nach diesen Daguerreotypien mit Motiven der Heimat bei der bäuerlichen Bevölkerung auf einmal war.

Könnte man so etwas nicht zu einem Beruf machen? Der Vater zweifelte dies an, die Mutter hielt sich ganz zurück, und nur sein Uhrenhändler-Pate Mattäus Fleig aus Stockburg, der mit der Technik der damaligen Zeit wohl vertraut war, riet ihm eifrig zu, auf diesem Weg weiterzumachen.

Da Mattäus Fleig auf dem Schloßhof eine wichtige Stimme hatte, weil er dem Schloßbauern all seine Uhren-Heimarbeit abkaufte und nicht wenig zum Wohlergehen der Familie beitrug, hörte man auf ihn.

Mit Andreas, dem Drittgeborenen, seinem älteren Bruder, war stillschweigend abgemacht worden, daß dieser natürlich den Hof voll und ganz übernehmen und dem Johann Georg in irgendeiner Form ein Wohnrecht auf dem Hof einräumen sollte.

Und so wurde es bald in der Familie immer klarer, daß vielleicht der Johann Georg ‚auf die Technik' gehen solle, vielleicht sogar hinüber nach Furtwangen auf die Uhrmacherschule, deren erster Direktor Robert Gerwig, der Erbauer der Schwarzwaldbahn, als Ingenieur einen legendären Ruf besaß.

Alles Für und Wider wurde immer wieder besprochen und hin und her gewälzt, und der neue Direktor Otto Uttendörfer redete den Fleigs zu, dem kleinen Johann Georg diese Möglichkeit zu geben. Aber erst der übernächste Rektor Guido Burkhardt war derjenige, der die große Begabung des Jungen im Zeichnen, Fotografieren und in der Physik so weit erkannte, daß er sich sicher war, den Eltern zu raten, Johann Georg in diesen drei Fächern weiter ausbilden zu lassen.

Die Berufswahl fiel allen, den Lehrern, den Eltern

wie dem kleinen Betroffenen sehr schwer, wußte doch keiner, was aus dem neuen Verfahren der Fotografie in Zukunft werden würde und ob man damit seinen Lebensunterhalt verdienen könne!

Die Familie war nicht reich genug, um Johann Georg bis zur Matura in der Zinzendorfschule zu belassen und dann zu einem Ingenieurstudium nach Karlsruhe zu schicken. Dieser ursprüngliche Gedanke wurde bald verworfen, da auch Johann Georg diese Strapazen der Reise und des Unterkommens in einer fremden Großstadt als kleiner, zwergenhafter Mann wohl nie schaffen würde. Also blieb für ihn eigentlich nur der Weg übrig, im Selbststudium sich um die Fotografie und die damit verbundenen weiteren Methoden zu kümmern und sie zu vervollkommnen.

Gedacht, gesagt, getan.

Johann Georg Fleig verließ 1877 die Zinzendorfschule und wechselte – zunächst in den Schloßhof zu seinem Bruder zurück, um dort mit den ersten Fotografien zu beginnen.

Es gab in Königsfeld damals einen Berliner Fotografen, der als allererster die neue Kunst auf die Schwarzwaldhöhen gebracht hatte, und er war ein vielgefragter Mann in der Porträtierkunst. Zu dem ging Johann Georg, nachdem er mit Bravour seine Schule geschafft hatte, und lernte das noch junge Handwerk bei seinem Meister.

Kapitel 6 –
Ende der Schulzeit – wohin?

Im Jahre 1877 war dann auch für den kleinen Johann Georg Fleig die Schule zu Ende. Keine Frage, daß er seine Abschlußarbeiten mit gutem Erfolg vorlegen konnte, und die Eltern holten am letzten Tag der Schule ihren fast erwachsenen, aber immer noch kleinen Sprößling mit großer Dankbarkeit auf der einen Seite und mit Unsicherheit auf der anderen Seite aus der behüteten Zinzendorfschule ab.

Seine Noten waren ordentlich, er war besonders in den Fächern Zeichnen, Physik und Religion belobigt worden. Der kleine Johann Georg trug jetzt nicht mehr eine Schwarzwälder Schuluniform, sondern der Königsfelder Schneider mußte ihm zu diesem Ereignis einen schwarzen Anzug schneidern, der ihm sehr gut stand. Viel Stoff brauchte er nicht, der Meister Nadel, denn der Johann Georg war nicht größer geworden als beim Eintritt in die Schule vor etlichen Jahren: Nicht einmal 1.30 Meter zeigte das Zentimetermaß an der heimischen Stubentür, und deshalb setzte Johann Georg noch etwas auf den Kopf, was ihn jahrelang stets begleitete, einen schwarzen, runden Hut mit einer breiten Krempe, etwas verkleinert im Vergleich zu den Schwarzwälder Bauernhüten. Und jetzt war auf einmal die Schule zu Ende und das Berufsbild stand noch nicht fest, weil es dieses einfach damals noch nicht gab: Fotograf, mitten im Schwarzwald, ohne Fotolabor, ohne sichere Kundschaft und nur kleinwüchsig. Wie sollte er mit den schweren Fotoapparaten, die 40 und 50 Kilogramm wogen, überhaupt zu seiner Kundschaft gehen?

Johann Georg hatte von seinem Lieblingswunsch, nämlich Fotograf zu werden, lange zu Hause berichtet, und alles hörte interessiert auf seinen Berufswunsch. Es war selbstverständlich, daß die Leute aus dem Schloßhof sich alle Mühe gaben, dem verkrüppelten Hoferben, der den Bauernhof nicht bekam, trotzdem die Berufslaufbahn zu ermöglichen, vielleicht nicht nur aus Gründen der Christlichkeit, sondern auch ganz praktisch deshalb, weil man den kleinen Johann Georg als selbständigen Brotverdiener sehen wollte, so daß er nicht ein Leben lang an der Futterlade des Schloßhofes hängen mußte. Die Schwarzwälder Bauern sind in dieser Hinsicht sehr praktische Menschen, und in seinem Fall verband sich das Notwendige, Nützliche und das Anständige, nämlich ihn auf die eigenen Beine zu stellen. Und so fand sich bald in Königsfeld ein Meister aus Berlin, der ein kleines Fotoatelier eröffnet hatte und den mißtrauischen Bauern der Umgebung samt den

Ende der Schulzeit – wohin?

Städtlebürgern von Königsfeld die ersten Bilder ihrer Lieben bei Hochzeiten, Taufen und Beerdigungen vor die Nase hielt. Anfänglich war man nicht so sehr begeistert über den Meister mit dem schwarzen Kasten auf drei Beinen, wie er bei jeder passenden und unpassenden Gelegenheit vor den Festgästen herumturnte und seine Bilder belichtete. Ein alter Malermeister mit Staffelei und Farbpalette war ihnen da schon vertrauter, obwohl auch der Meister Klecks in der bäuerlichen Bevölkerung keinen allzu hohen Stellenwert hatte.

Der neue Rektor der Königsfelder Knabenanstalt, der Guido Burkhardt, verabschiedete seinen Schüler mit den wärmsten Worten und wünschte ihm für seine Zukunft alles Gute. Johann Georg konnte es brauchen, denn seine kurzen Arme und Beine hatten ihm trotz ausgezeichneter Benotungen keine eindeutige Berufsperspektive eröffnen können, bis eben auf diese neue Technik der Fotografie, mit der er es mit Gottes Hilfe probieren wollte. Die Verhandlungen mit dem neuen Fotografen in Königsfeld und der eventuellen Einstellung des Johann Georg waren bald abgeschlossen, und der kleine Lehrling fing 1879 in Königsfeld an, dem Meister an die Hand zu gehen, um zu sehen, ob man mit dem neuen technischen Spielzeug sich wirklich auch über Wasser halten konnte.

Ein großer Lohn winkte ihm nicht, denn der Berliner Meister wollte erst einmal sehen, ob Johann Georg überhaupt in der Lage war, mit seinen körperlichen Gebrechen ihm auch nur ein wenig bei der Arbeit aushelfen zu können. Johann Georg war's zufrieden, und ab sofort ging er vom Schloßhof aus fast denselben Weg an der Schloßhalde entlang durch den alten Hauertweg hinüber bis zur katholischen Kirche, ein Weg von doch mehr als drei Kilometern, für die er manchmal zwei Stunden brauchte, wenn ihn nicht ein freundlicher Mensch aus der Umgebung auf einem Viehwagen oder auf einer Droschke aufsitzen ließ. Und so sah man ihn jeden Morgen bei jedem Wetter hinaufgehen zu seiner neuen Arbeitsstelle, um von seinem Meister der neuen Schwarzen Kunst dessen Fertigkeiten in der Fotografie zu erlernen.

Er war nie ein Mann vieler Worte, der kleine Johann Georg Fleig, und wurde es auch bei seiner neuen Tätigkeit nicht. Eher im Gegenteil. Der begabte Schüler aus der Zinzendorfschule wurde in der Lehre immer einsilbiger und ruhiger, da niemand in diesem Metier besonders geschwätzig war, gemessen an einem Schneider, der den ganzen Tag mit den Wibervölkern herumflattern mußte, um seine Kleider an die Frau bringen zu können. Schon in den ersten Wochen merkte er, daß zwischen seinem Interesse an der Fotografie in der Zinzendorfschule und dem harten Brot-

Ende der Schulzeit – wohin?

erwerb draußen ein großer Unterschied bestand. Der Meister sagte ihm schon am ersten Tag, wie teuer die Agfa-Glasplatten waren und wie behutsam er mit allem umzugehen habe, und musterte ihn dabei von oben bis unten, was nicht eben viel war, denn Lehrling Johann Georg ging ihm gerade einmal bis an den unteren Westenknopf. Sein Berliner Meister zweifelte in den ersten Tagen, ob der neue Lehrling überhaupt die Kraft aufbringen konnte, die schweren Kameras samt den Chemikalien auf seinen Schultern bis an den Ort der Aufnahmen tragen zu können. Es war nämlich damals nicht üblich, daß die Fotografierten sich mehrheitlich in das kleine Fotolabor an der Mönchweiler Straße begaben, sondern es war noch allgemeiner Brauch, daß der Fotograf mit seinem ganzen Geschirr vor Ort anzutreten hatte, um die ‚Hochziter‘, die ‚Leich‘ oder die Konfirmation abzulichten.

Aber der kleine Johann Georg stellte sich als zäher heraus, als er von außen erschien. Er schleppte sich anfänglich arg mit den großen, hölzernen fotografischen Apparaten, die der Berliner Meister aus Preußen mit in den Hochschwarzwald gebracht hatte. Es waren zunächst unhandliche Kastenformen der Camera obscura, in denen von hinten sogar die noch nassen Glasplatten samt den Chemikalien zu ihrer Entwicklung Platz finden mußten. Das Prunkstück des Hauses war eine hölzerne Reisekamera aus dem Jahr 1870 mit kleinen Einlegearbeiten, ein Modell, das er noch lange in seiner späteren Fotografenlaufbahn verwenden sollte. Das Format betrug damals noch 13 x 18 cm, und allein das Mittragen von etlichen Glasplatten samt der Emulgationsflaschen war für einen normal gewachsenen Mann eine Belastung, wieviel mehr für den kleinen Johann Georg.

Der Rollfilm war noch lange nicht geboren, und die handlichen Fotoapparate, an denen sich die Welt heute erfreut, waren noch nicht einmal im Ansatz erfunden.

Aber bald war er in seiner engeren Heimat überall auf den Festen, zu denen man seinen Meister Dahl als Fotografen gerufen hatte, dabei. Ob es auf dem Däplisberg war, auf dem Nonnenberg, auf dem Mühllehen oder dem Mönchhof, überall, wo etwas zu feiern oder zu trauern war, stapfte der kleine, gelehrige Adlatus seines Meisters hinter letzterem her und trug für ihn das, was er eben konnte.

Meist wurde das, was belichtet war, eben unmittelbar nach der Aufnahme sogleich entwickelt, und dafür war der kleine Mann besonders geeignet, mußte er auch hie und da einen kleinen Schemel nehmen, um mit seinen kurzen Armen, aber den äußerst geschickten Fingern die Glasplatten unter einem schwarzen Tuch in der Kamerarückseite zu entwickeln, während sein Meister schon längst wieder

Ende der Schulzeit – wohin? 73

beim Flattieren der Wibervölker war, um an seinen Most oder seinen Schnaps zu kommen.

Auf dem Schloßhof war man's zufrieden. Es sprach sich bald herum, daß der Jüngste vom Hof einen Berufsweg eingeschlagen hatte, der bisher bei den Bauern und Städtlebürgern von Buchenberg, Königsfeld, Burgberg oder Erdmannsweiler samt Neuhausen noch nicht bekannt war, den des Fotografen. Wohl kaum einer konnte sich in der damaligen Zeit vorstellen, daß man mit einem derartigen, klobigen Holzkasten auf drei hohen Stelzen und einem glasbewehrten Loch an der Vorderseite ehrlich sein Brot verdienen konnte, obwohl man die Ergebnisse dieses Tuns doch immer mehr gezeigt bekam: Fotografien aus aller Herren Länder des damaligen Reiches gelangten – zwar noch in geringen Stückzahlen – in die Bauernwirtschaften und wurden dort von Hand zu Hand weitergereicht. Eine herbe Konkurrenz entstand zwischen den alten Landschafts- und Porträtmalern und den immer mehr werdenden Bildern der neuen Zunft der Fotografen, aber aufzuhalten war dies offensichtlich nicht.

Der kleine Johann Georg merkte sehr wohl, daß seine Kunst nicht ganz brotlos war, und er überlegte schon, wie er nach der Lehre bei seinem Meister zu einem eigenen kleinen Geschäft kommen könnte.

Und so vergingen die ersten Monate in seiner neuen Lehrstelle im Flug. Johann Georg war nicht nur ein gelehriger Schüler in Sachen der Technik, die damals weiß Gott noch nicht sehr ausgeprägt und vielschichtig war, er war vielmehr ein äußerst kluger Beobachter dessen, was er zu fotografieren hatte und was ihm vor die Linse kam.

Sein Meister Dahl aus Königsfeld war jedoch nicht der einzige der neuen Fotografierkunst in der Gegend, und bald blickte der kleine Johann Georg über die Grenzen seines Städtchens Königsfeld hinaus, denn er bekam auch von anderswo das eine oder andere Bild gezeigt, das meisterhaft war. Die Provenienz dessen interessierte ihn natürlich, und so kam er bald auf einen Fotografen namens Kurz aus Mönchweiler, der schon einige Jahre vor seinem Meister Dahl die Fotografierkunst dort ausübte, und zwar nicht nur als interessierter Laie, sondern als recht erfolgreicher Berufsfotograf, übrigens einer der allerersten im Schwarzwald. Den Johann Georg interessierte in allererster Linie nicht nur, wie er die Bilder zusammenbekommen hatte, sondern auch die Komposition dessen, was sie darstellten.

Und so gab er bald Meister Dahl den Abschied und ging zu dem ersten Mönchweilener Fotografen, dessen Name er bereits in der Zinzendorfschule schon einmal gehört hatte, und fragte um eine Lehrstelle nach. Meister Kurz sah den kleinen Lehrjungen, der ihm gerade einmal bis zur Jackentasche reichte, ungläubig an, aber er sah auch dessen Eifer und heiligen

Ende der Schulzeit – wohin?

Ernst, sich in dieser Kunst weiterzubilden – und nahm ihn als Gehilfen auf. Jetzt war freilich auf der einen Seite der Johann Georg glücklich, jemand gefunden zu haben, der ihm noch vieles beibringen konnte, des weiteren fand er auch eine Menge seiner früheren Mitschüler wieder, die sich zu den Klassenfotos und zu den einzelnen Porträts bei diesem Meister vorstellten. Gerne ist er den neuen Lehrvertrag eingegangen. Mit dem Geld war es wiederum nicht allzu großartig, aber der heimische Schloßhof ernährte auch einen beginnenden Fotografen und half, wo er konnte.

Jetzt galt es nämlich ein weiteres Problem zu überwinden. Der kleine Johann Georg mußte nicht nur an der Schloßhalde vorbei bis nach Königsfeld laufen, sondern jetzt war der Weg deutlich weiter bis ins benachbarte Mönchweiler, eine Distanz, die er unmöglich mit seinen kleinen und kurzen Beinen allein schaffen konnte. Und so ward auch der Schloßhof wieder der Vierzehnte Nothelfer: Seinem Jüngsten besorgte Vater Andreas ein kleines Bennewägele, mit dem er zusammen mit seiner Frau Anna und dem zukünftigen Schloßhofbauern, seinem Sohn Andreas, einen regelrechten Fahrdienst übernahm, um dem in Bezug auf das Gehen und Laufen benachteiligten Sohn zu helfen. Und dieser Samariterdienst des Schloßhofes wurde dankbar angenommen. In den nächsten Monaten und Jahren war Johann Georg ein gern gesehener Gast und Lehrling im Laboratorium des Meisters Kurz in Mönchweiler. Die Aufträge waren schon etwas differenzierter als die bei seinem alten Meister Dahl, von dem er übrigens im tiefsten Frieden geschieden war. Und wenn es einmal nichts zu fotografieren gab, dann fühlte sich der Johann Georg schon fast wie zu Hause, denn dann wurden Uhrenschilder für die immer noch äußerst lebendige Schwarzwälder Uhrenindustrie entworfen, gemalt, gezeichnet und gefirnißt, eine Tätigkeit, die er schon von Jugend an mit etwas gröberen Materialien bereits im Stockwald, im Gsod und jetzt auch im Schloßhof kennengelernt hatte. Kurzum, der Meister war sehr zufrieden mit seinem kleinen Gehilfen, mit dem ihn auch bald eine Freundschaft verband.

Hier lernte der angehende Fotograf die neuen Techniken mit den Glasplatten kennen, die mit einer klebrigen Substanz, dem Kollodium, einzeln beschichtet wurden, in welches die lichtempfindlichen Silberhalogenidkristalle eingebettet waren. Die Silberhalogenide waren Salze von Silber und dem halogenen Brom, Jod, Chlor und Fluor, lauter Dinge, die im Mönchweilener Fotolabor erst einmal angesetzt werden mußten, eine Aufgabe für den kleinen Johann Georg, die richtige Mischung zu finden. Diese Silbersalze bilden unter Lichteinwirkung winzige Körnchen metallischen Silbers. Die beschichtete Platte wurde in der

Kamera belichtet und dann im nassen Zustand sogleich verarbeitet. Johann Georg lernte das Glas als Träger der lichtempfindlichen Schicht kennen und träumte von anderen Dingen, die weniger schwer und unhandlich zu verarbeiten waren. Nur großformatige Kameras verwendeten derart schwere Glasplatten.

Die Acetylcellulose war noch nicht erfunden, und das Foto konnte noch nicht gerollt und bequem in der Tasche getragen werden. Auch wäre das alles sehr viel billiger gewesen als Glas. Meister Kurz wußte jedoch bereits, daß man das Kollodium durch Gelatine ersetzen konnte, die sich besser zur Aufbringung der Silberhalogenide auf einem Schichtträger eignet. So lernte der kleine Johann Georg dieses neue Bindemittel für die Silbersalzkristalle mit so vielen Vorzügen im Vergleich zu dem alten Kollodium kennen. Diese Gelatine, die sein Meister Kurz in die neuere Fotografie eingeführt hatte, quoll in Flüssigkeiten auf, so daß die Verarbeitungschemikalien eindringen und auf die Silbersalze einwirken konnten. Meister Kurz erklärte ihm, daß beim Trocknen die Gelatine auf ihre ursprüngliche Größe schrumpft, ohne die Form und Lage des Silberbildes zu verändern. Johann Georg erfuhr, daß die Silberhalogenidkristalle nur für blaues und ultraviolettes Licht empfindlich sind, und dann lernte er, durch Einfärben die Kristalle auch für andere Farben zu sensibilisieren.

Das erste Ergebnis solcher Sensibilisierungsverfahren aus den 70er Jahren des 19. Jahrhunderts waren die ersten orthochromatischen Emulsionen, die allerdings noch selbst hergestellt werden mußten. Das bedeutete, daß die in der Natur vorkommenden Farbtöne mit derselben Helligkeit wiedergegeben werden konnten, wie sie mit dem Auge gesehen werden.

Der Johann Georg lernte, verstand, reproduzierte und wurde in dauerndem freundschaftlichem Kontakt zu seinem Meister Kurz bald ein exzellenter Fotograf. Aber nicht nur mit dem Handwerkszeug des Fotografen, der Kamera und der Chemie samt den Platten lernte er intensiv, sondern auch mit den herzustellenden Bildmotiven war er eng mit seinem visionär begabten Meister verbunden. Es war eben nicht so, daß nur das mechanische Öffnen einer Glaslinse, die in ein Messingrohr eingelassen war, eine Glasplatte an der Hinterseite der Kamera belichtete, das war rein mechanisch gedacht, sondern das Bild, das nachher entwickelt wurde, war nur so gut, wie es das leibliche Auge des Fotografen vorher zusammenkomponiert hatte. Und darin wurde der Johann Georg immer virtuoser. Er hatte auf Geheiß des Meisters jeweils nur wenige Glasplatten dabei, wenn er sich um ein Objekt kümmern mußte, sei es eine Konfirmation, eine Beerdigung, ein Hochzeitsbild oder ein Erinnerungsbild von Veteranen und Soldatenvereinen.

Ende der Schulzeit – wohin?

Es war nicht möglich, mehrere Versuche zu unternehmen, denn der Glasplattenvorrat war sofort erschöpft, eingedenk der Tatsache, daß der kleine Johann Georg bei der schweren Kamera samt dem Stativ sich mit jeder einzelnen schweren Glasplatte wohl überlegen mußte, ob er sie schlicht und einfach tragen konnte!

Johann Georg wurde seinem Meister fachlich bald ebenbürtig. Er verlegte sich nicht nur darauf, die üblichen Gelderwerbs-Fotografien herzustellen, sondern sein geübtes, waches Auge wollte andere Dinge auf die Glasplatte bannen, die ihn mehr interessierten, die Landschaft des herrlichen Schwarzwaldes, seine Menschen in allen möglichen Phasen ihres Lebens, Handwerker bei ihren ureigensten Tätigkeiten und die einzigartigen Trachten der Umgebung in seiner Heimat. Es gab ja da draußen so viel zu sehen, was im Augenblick durch die neue Industrialisierung vom Rhein her durch die Täler hinauf auf die Schwarzwaldhöhen brauste. Die Schwarzwaldbahn war soeben erst an St. Georgen und Königsfeld vorbei gebaut worden, und allein die gab eine Fülle von Motiven, die den kleinen Fotografen begeisterten. Aber alles was beweglich war blieb noch ein Feind der Fotografie, und so mußte der kleine Fotograf sich meist Objekte heraussuchen, die recht statisch waren, und mancher ‚Hochziter‘ mußte mit seiner jungen Frau ziemlich lange vor dem messingbewehrten Objektiv bewegungslos ausharren, bis ihm der Lehrjunge mit hoher Fistelstimme das Zeichen gab, daß er sich mit seiner neu Angetrauten wieder auf den Heimweg machen konnte.

Wie gerne hätte er versucht, draußen in Wald und Feld seiner Neigung nachzugehen, nämlich Tiere zu fotografieren, hier insbesondere seine Vögel, die ihn besonders faszinierten. Schon in der Zinzendorfschule lernte er im Biologieunterricht die gefiederten Freunde seiner Heimat kennen, die er über alles schätzte und liebte. Er kannte jeden der Vögel am heimischen Himmel und freute sich an ihrem farbigen Gefieder, an ihrem Geschnatter und Gepiepse und an ihren Gewohnheiten. Es war wohl so, daß der kleine, verunstaltete Fotografenlehrling mit den kurzen Gliedern sich wohl oft Flügel gewünscht hatte, um aus dieser so engen Welt hinauszufliegen in die blauen Höhen des Schwarzwaldes. Und schon versuchte er auf seinen Bildern vereinzelt Vögel einzufangen oder sie gar abends in mühsamer Laborarbeit einfach auf ein leeres Bild aufzuprojizieren, was ihm anfänglich nur mit Mühe, dann aber ganz passabel gelang.

Meister Kurz zeigte ihm aber nicht nur seine technischen Fähigkeiten, sondern auch das spätere Nachbearbeiten von Fotografien mit Pinsel und Bleistift, manchmal sogar mit Tusche. Nicht immer war das Ergebnis der einzelnen Aufnahmen perfekt, und so mußte nach der Fotografentätigkeit eine weitere begonnen werden, nämlich das Retuschieren mit allerlei Werkzeugen. Johann Georg war hier seinem Meister bald überlegen, denn was er auf der Zinzendorfschule gelernt hatte, zahlte sich jetzt besonders aus. Er war ein kleiner Meister im Zeichnen gewesen, und dies kam ihm jetzt mehr als zugute. Der Meister staunte über die hervorragenden Fähigkeiten seines kleinen Schülers, der ihm in dieser Beziehung zeigte, wer das feinere Auge hatte und die besseren Retuschierungen anzubringen wußte.

Kurzum, der Meister war mit seinem Schüler hoch zufrieden, und er tat dies überall kund, auch im Schloßhof, in dem diese Nachricht natürlich mit besonderer Freude aufgenommen wurde. Der kleine Johann Georg war in den Augen seines Lehrmeisters zu einem veritablen Fotografen herangewachsen, der in manchem dem weithin bekannten, ersten Fotografen Dahl aus Mönchweiler ebenbürtig war.

Irgendwann kam dann auch schon die Zeit, als Meister Kurz seinem kleinen Gesellen mitteilen mußte, daß er ihn jetzt wohl nichts mehr lehren könne und daß er eigentlich selbst in der Lage sei, das Fotografiergeschäft allein weiterzuführen. Froh über dieses gute Urteil beim Lossprechen durch den Meister war Johann Georg auch besorgt darüber, was jetzt wohl geschehen würde, wenn er die schützenden Mauern seines Meisterbetriebes verlassen müßte. Wohin solle er gehen? Ein eigenes Geschäft aufmachen? Zu irgendeinem Fotografen als weiteren Lehrjungen sich verdingen? Auch das alles wurde im heimischen Schloßhof ausführlich besprochen, und mancher Spaziergang in der Waldau wurde gemacht, um dem Schloßhofjüngsten zu einer beruflichen Perspektive zu verhelfen. Der Familienrat im Schloßhof tagte und es wurde beschlossen, dem Jüngsten ein Fotoatelier im hinteren Teil des Hauses neben den Stallungen anzubauen. Der Entschluß wurde bald in die Tat umgesetzt, und die Zimmerleute aus Buchenberg kamen dann über den Bäschenbühl herüber und bauten folgerichtig hinter dem Stalltrakt ein großes, hölzernes Zimmer an, das ganz für die Bedürfnisse des neuen Fotografen auf dem Schloßhof zugeschnitten war. Der Zusammenhalt in der Familie war so groß, daß dieses Begehren des kleinen Johann Georg gerne erfüllt wurde. Wenige Tage danach zog Johann Georg Fleig mit all seinen teilweise neu angeschafften, teilweise von Meister Kurz und von Meister Dahl ihm überlassenen Geräten im heimatlichen Schloßhof ein und richtete sich als Fotograf zuwege.

Die erste Kamera wurde bestellt, und bald brachte der ‚Postle' auf seinem Holzfuhrwerk ein großes, hölzernes Paket der Allgemeinen Gesellschaft für angewandte Fotografie – Agfa genannt –, in dem die erste eigene Kamera des Schloßhoffotografen eingenagelt war.

Ende der Schulzeit – wohin? 83

Die Chemikalien waren auch bald in seinem Anbau samt der schweren Glasplatten, mit denen Johann Georg Fleig ab sofort versuchen mußte, Geld zu verdienen. Ein großer Tisch war sein zukünftiger Arbeitsplatz, ein hochbeiniger Drehstuhl tat das übrige, um seine kurzen Beine vergessen zu machen, so daß er in Ruhe und bequem auf dem Repro-Tisch seiner feinen zeichnerischen Arbeit bei der Bearbeitung und Verbesserung seiner Fotografien nachgehen konnte. Noch etwas weiteres brachte Johann Georg in den ersten Monaten seiner beginnenden eigenständigen Tätigkeit als Fotograf neben den Zeichenutensilien in das Haus mit: Eine Fülle von Büchern und Zeitschriften über Fotografie und die spätere Verarbeitung der fotografischen Ergebnisse.[6] Da sind dann die Bücher von Julius Schnauss über den Lichtdruck und die

---

[6] Die vom kleinen Fleig verwendeten Bücher befinden sich heute noch zum Teil im Besitz des Heimatmuseums von Buchenberg in einem alten, staubigen Koffer. Die Bücher sind fast alle signiert von seiner eigenen Hand. Es sind dies zahlreiche aktuelle Bücher und Zeitschriften, die er sich zu Fortbildungszwecken abonniert bzw. gekauft hatte. Die Bücher sind zum Teil sehr zerlesen und zeigen in ihrem Inneren keine Seite unkommentiert von seiner eigenen Hand. Dort stehen Verbesserungsvorschläge, Ausrufezeichen oder Unterstreichungen in allen Formen, ein typisches Zeichen, daß der kleine Fleig sich mit der gesamten gängigen Literatur der damaligen Zeit betreffend der Fotokunst und der Konservierung von Tieren aller Art beschäftigt hat.

Fotolithographie zu finden, genau so wie das Buch über den Illustrationsfotografen ‚Durch zielbewußte Arbeit zu Erfolg und dauerndem Gewinn', zugleich Adreßbuch der Absatzgebiete. Es fand sich aber auch eine erkleckliche Anzahl von fotografischen Zeitungen aus München, die er sich in schöner Regelmäßigkeit in den Schloßhof schicken ließ. Des weiteren finden sich auch heute noch bei seinen Unterlagen Bücher über die ‚Projectionskunst für Schulen, Familien und öffentliche Vorstellungen nebst einer Anleitung zum Malen auf Glas. Beschreibung optischer, magnetischer, chemischer und elektrischer Versuche' von dem damals weltberühmten Liesegang's-Verlag aus Düsseldorf. Selbstverständlich durfte auch das ‚Handbuch des praktischen Fotografen' von Dr. Paul Liesegang nicht fehlen. Der kleine Johann Georg hielt sich auch bereits damals die ‚Monatsschrift des Amateur-Fotografen', ebenfalls von dem durch ihn sehr geschätzten Dr. Paul Liesegang. Auch hier ist die emsige Arbeit in den einzelnen Artikeln durch den neugebackenen Fotografen heute noch zu bewundern. Neben den fotografischen Büchern findet sich auch noch eine ganze Menge Monographien über eine seiner Lieblingsbeschäftigungen neben der Fotografie, nämlich derjenigen der Konservierung von Tieren, hier das Hauptwerk der damaligen Zeit ‚Die Kunst des Bildformers und Gypsgießers' von Martin Weber aus Weimar.

Unnütz zu erwähnen, daß auch Johann Georg diese Bücher mit seinen persönlichen Anmerkungen von der ersten bis zur letzten Seite versehen hatte.

Jetzt war der kleine Fotograf plötzlich ein eigenständiger Mann, und die Aufträge konnten kommen! Johann Georg Fleig saß nun wieder in der Heimat, die er bis dato nicht verlassen mußte, und war von tiefer Dankbarkeit gegenüber seinen Eltern und seinem Bruder erfüllt, die ihm den Weg geebnet hatten, sogar in der gewohnten Umgebung einem Beruf nachzugehen, den sogar er mit seinen körperlichen Gebrechen und seinem Zwergwuchs würde ausführen können.

Johann Georg war halt der Viertgeborene des angesehenen Schloßhofbauern, und als solcher brauchte er sich um Aufträge in seinem neuen Metier keine Sorgen zu machen. Der Schloßhofbauer war beliebt und renommiert, und der Pate Mattäus Fleig, der Uhrenhändler aus Stockburg, tat das übrige, auf seinen weiten Wanderungen auf dem hohen Schwarzwald, das Gutach- und Kinzigtal hinab mit seinen ersten Probefotografien hausieren zu gehen.

Und auch der Andreas Haas, der Schloßmüller von Martinsweiler, der zweite Pate des kleinen Johann Georg, tat alles, um dem neuen Geschäft seine Impulse zu geben.

Johann Georg war im Laufe dieser Ausbildung immer stiller und einsamer geworden, obwohl er beileibe kein Kind von Traurigkeit war. Seine Körpergröße hatte ihn insbesondere bei den Wibervölkern zu einem Außenseiter allererster Art werden lassen. Fast alle außer seiner Patin Anna, seiner Mutter und den älteren Wibervölkern in Waldau betrachteten ihn nur als einen Krüppel und zu klein gebliebenen Hanswurst, mit dem das schöne, weibliche Geschlecht ja nichts anfangen konnte. Aber so sind die Wibervölker des Kinzigtales, der Gutacher Region wie die des hohen Schwarzwaldes, daß sie meist nur nach dem äußerlichen Schein urteilen, und der war beim Johann Georg weiß Gott nicht allzu großartig. Der kleine, gerade einmal 1.30 Meter große Mann mit der schwarzen Melone auf dem Kopf und dem schwarzgrauen Anzug, den ihm der Dorfschneider mehr recht als schlecht angepaßt hatte, stellte eine eigenartige Figur dar, die mehr zu Mitleid als zu Respekt Anlaß gab. Es fehlte nicht viel, und Johann Georg wäre in den Läden der Umgebung als kleiner Bub angesprochen worden, wenn man ihn nicht seit langem gekannt hätte.

So wissen wir, daß eine Geschäftsfrau den kleinen Fotografen mit den Worten ansprach:

„Büeble, wa witt?"

Erst als sie das Büble näher in Augenschein nahm und aus ihm eine hohe Fistelstimme zurückkam, wußte sie Bescheid:

Ende der Schulzeit – wohin?

„Ich bin der Johann Georg Fleig, der Fotograf ..."

Er war nie ein Eigenbrötler gewesen, davor haben ihn die großartigen Eltern auf dem Schloßhof, sein lieber Bruder Andreas, die Religionslehrer des Zinzendorfgymnasiums und seine beiden Meister bewahrt. Er war wegen seiner außerordentlichen Intelligenz, Wachheit und seines sarkastischen Witzes stets als ein Erwachsener mit Respekt behandelt worden – außer von denen, welche ihn nicht kannten oder zum ersten Mal zu Gesicht bekamen. Alles Fremde war Johann Georg deshalb auch fremd, und so ging er gerne Unbekanntem aus dem Weg, was ihn letztendlich zu einem Einsiedler werden ließ. Der Umgang mit seinen Bauersleuten in der Waldau, in Martinsweiler, in Buchenberg oder in Burgberg brachte ihm zwar nie ein böses Wort ein, auch nie eines der Verachtung oder des Unverständnisses, aber es blieb nur bei den Oberflächlichkeiten, die man sich gegenseitig zu sagen wußte. Einen tieferen Freund hatte er in den ganzen Jahren nicht erworben, das sollte erst später kommen. Und so blieb er der kleine, bescheidene, äußerst zurückgezogene Fotograf vom Schloßhof, den die Bauersleute immer häufiger zu sich baten, wenn ein fröhliches oder trauriges Familienfest anstand, das sie gerne auf eine der fotografischen Platten gebannt haben wollten.

So kam es, daß der kleine Johann Georg immer häufiger sein schweres fotografisches Equipment schultern mußte, um in entfernte Bauernhöfe zu gehen, hinüber ins Rappenloch, in den Bärwald, in den Lochbronn oder zu den Bauern in Heiligenwald oder im Glaswaldtal, und seine Kunst ausüben zu können.

Manchmal sah man ihn auch mit einem kleinen Wägelchen, das er über die staubigen Landstraßen zog, worauf Dreibein, Kamera und Chemikalien aufgetürmt waren, das Ganze gezogen von einem kleinen Männlein, kaum größer als ein halber Mann, mit einem freundlichen, meist lächelnden Gesicht. Und doch kam da ein kleines Genie im bescheidensten Gewand die Landstraße daher, das in den nächsten Jahren Bilder der Heimat des Schwarzwaldes erstellte, die keinesfalls weniger interessant und kunstfertig waren als die der großen Malerkollegen aus der Gutacher Malerkolonie wie Wilhelm Hasemann, Curt Liebich oder Hugo Engel. Aber ist es nicht auch bei den ganz Großen der Kunst so gewesen, daß sie ihre Anerkennung mühsamst auf den staubigen Landstraßen einer kargen Umwelt mit allerlei widrigen Umständen kämpfend sich erst erobern mußten, wenn sie überhaupt einmal zu einem späteren Zeitpunkt respektiert wurden. Johann Georg Fleig war ein solcher Mensch, der seinen Respekt erst noch gewinnen mußte, und das war mehr als schwer. Und so zog er sein Leiterwägelchen hinter sich her, blieb immer wieder stehen, aber nicht nur aus Schwäche und Müdigkeit, sondern vielmehr meistens deshalb, weil er mit seinen wachen, glasklaren, blauen Augen wieder ein Motiv in der Heimat entdeckt hatte, das es unbedingt wert war, festgehalten zu werden. Ein Maler und Zeichner ging hier verkannt durch die höchsten Täler des Schwarzwaldes, um mit der neuen Methode der Fotografie eigentlich dasselbe zu tun wie die großen Malerfürsten aus dem benachbarten Gutachtal. Er sah die Welt mit liebevollen Bildern, und dazu war ihm kein Weg zu weit, um hinzugelangen. Und auch die Bauernhochzeit, zu der er jetzt unterwegs war, um die Festgesellschaft in ihren großartigen Trachten festzuhalten, war ihm ein malerisches Vergnügen, und die Bilder kamen keinesfalls weniger ausdrucksvoll zu ihren Auftraggebern zurück, als wenn der Ausführende ein Maler oder Zeichner gewesen wäre und nicht der kleine Johann Georg Fleig aus der Waldau...

Kapitel 7 –
Wie Johann Georg Fleig nach Hornberg kam

Die weite, wundervolle Welt um den Schloßhof, um Peterzell, Buchenberg, Königsfeld, Erdmannsweiler und Niedereschach war dem kleinen Johann Georg zu eng geworden. Nicht daß er seine Heimat für gering ansah, genau im Gegenteil. Vielleicht kannte kaum jemand seine Schwarzwälder in der Gegend besser als er, war er doch mit seinen klugen, lebendigen, blauen Augen auf jeder Idylle und jedem malerischen Hof gewesen, sah sich die Herrlichkeiten der Gegend, der Höfe, der Trachten an, kannte fast jedes Original, ob es ein Bauersmann oder ein Wibervolk war, und versuchte es in seinem Holzkasten für die Nachwelt festzuhalten. Johann Georg war eine Persönlichkeit geworden, er wurde sehr gerne überall hingeholt, wo es etwas zu feiern oder zu trauern oder sonst für die Nachwelt festzuhalten gab. Freilich waren ihm diese Ereignisse nur Broterwerb und Pflicht, die er aber mit großer Kunst, Geduld und Können ausfüllte. Lieber noch war er dabei, alte Bauernhöfe, die kurz vor dem Zerfall standen, mitsamt ihren einfachen Bewohnern aufzunehmen, am liebsten bei der Arbeit und bei ihren täglichen Verrichtungen, so wie er sie kennen, schätzen und lieben gelernt hatte.

Schwarzwälder Bauern und ihre Wibervölker sind nicht gerade als kommunikativ zu bezeichnen, und wenn der kleine Mann mit seinem überdimensionierten Fotoapparat samt dem Stativ auf seinen kurzen Beinen schwitzend und müde auf einem Hof endlich ankam, um ein Motiv, das er schon lange in seinem Kopf mit sich herumtrug, abzulichten, verschwanden die Bewohner bis auf die neugierigen Kinder meist sehr dezent in ihren Häusern, denn sie wollten nicht dasselbe Schicksal erleiden wie ein paar Kilometer weiter nördlich es der Volksdichter Heinrich Hansjakob mit seiner bäuerlichen Bevölkerung gemacht hatte: Kaum fand der nämlich ein Original, schon war der große Hansjakob mit Stift und Papier dabei, dessen Leben nachzuzeichnen und in irgendein vielgelesenes Bauernbuch zu verbannen. Ärger hatte es sogar gegeben mit dem großen Pfarrer Hansjakob, wenn er seine vermeintlichen Kinzigtaler Originale zwar aufmarschieren ließ, wie er selbst zu sagen pflegte, aber diese sich gar nicht so gerne in seinen Büchern wiederfinden wollten, insbesondere wenn das Berichtete nicht nur ehrenvoll war. Jeder der lesen konnte kannte die Geschichte von der kleinen Bäuerin Afra aus Schapbach, die durch Hansjakobs Feder zu einer sehr bekannten Geschichte gleichen Namens geworden war. Letztere war nicht sehr glücklich über die Beschreibung ihres Schicksals mit zwei unehelichen Kindern, und sie grämte sich über die ungewollte Publikation ihres Lebens durch den großen theologischen Volksschriftsteller ein Leben lang. Da sich das alles herumsprach, wollten auch die Schwarzwaldbauern der Hochebene nicht so gerne porträtiert werden, um nicht irgendwo in einer Zeitung aufzutauchen. Irgendwie war es noch nicht ganz aus den Köpfen der einfachen Menschen gewichen, daß ihr fotografisches Abbild ihnen vielleicht ein wenig ihrer Persönlichkeit mit fortnahm.

Und so blickte der kleine Mann von seinem Schloßhofer Atelier im hinteren Teil des prächtigen Hofes in einer der schönsten Schwarzwaldlandschaften sich nach etwas Größerem um, nach einem eigenen großen Geschäft, in dem er vielleicht mit einigen Angestellten seiner Lieblingsidee nachgehen konnte, nämlich den Charakter von Land und Leuten wie ein Maler festzuhalten, nicht nur auf Hochzeiten, Beerdigungen und Konfirmationen blasse Festgäste abzulichten, sondern dem nachzugehen, wozu er sich berufen fühlte, der malerischen Fotografie und der fotografischen Malerei. Und wie ging das besser, als in irgendeiner der nahegelegenen Städte ein eigenes Fotoatelier zu gründen? Johann Georg, der in seinen Waldtälern jeden Bauern und in den umliegenden

Wie Johann Georg Fleig nach Hornberg kam

Weilern die Bürgermeister und Ratsschreiber gut kannte, sperrte die Ohren auf und horchte auf eine vielleicht sich ergebende Gelegenheit, seinen großen Wunsch in die Tat umzusetzen. Er war nicht gerade arm, sondern hatte sich ein schönes Stück Geld mit seinen Fotografien erworben, und es langte recht gut zum Leben, zumal ihn sein Bruder Andreas unbehelligt und freundlich auf dem Hof schalten und walten ließ wie er es wollte. Johann Georg konnte kommen und gehen wann und wie er wollte, er nahm an der Familie seines Bruders teil. Der Andreas hatte nämlich zwischenzeitlich geheiratet, seine Anna Dorothea Obergfell[7], die von einem Hof, dem Hubhof, tief unten in Tennenbronn stammte und fast zehn Jahre älter war als ihr Mann. Das hatte aber keinerlei Nachteile für den Schloßhof, der unter der Hand dieser klugen Frau blühte und prosperierte. Sie war gewohnt, unten in Tennenbronn hauszuhalten und war

---

[7] Andreas Fleig hatte mit Anna Dorothea Obergfell, der neuen Schloßhofbäuerin, ein Kind mit Namen Anna Maria. Aus der Ehe von Anna Maria Fleig mit Andreas Weisser entstammen zwei Kinder, wiederum mit dem Vornamen Anna Maria und Martha Weisser. Die letzte noch lebende Blutsverwandte ist die Tochter von Martha Weisser, nämlich Frau Christa Kunz, die heute noch in Villingen lebt und mir über die Familiengeschichte genauestens Auskunft gegeben hatte. Ihr Urgroßvater war der Andreas Fleig, der Schloßhofbauer, dessen kleinwüchsiger Bruder Johann Georg Fleig der kleine Schwarzwälder Genius war.

überdies noch eine kreuzbrave, evangelische Bäuerin geworden, die ein Glück war für den kleinen Schwager Johann Georg. Vielleicht wäre eine jüngere Bäuerin auf dem Hof nicht so gut mit ihm umgegangen, aber die Familie des Bruders war ihm wohlgesonnen, und Johann Georg hatte eigentlich keinen Grund, sich zu verändern, zu beklagen schon gar nicht. Aber er wollte etwas Neues, Eigenständiges und Verantwortungsvolles machen und nicht als Anhängsel des Schloßhofs sein Leben fristen. Er wollte trotz seiner Behinderung sein eigenes Leben führen ...

Mit den Wibervölkern war es so eine Sache. Er sah sie gerne, die hübschen Trachten und die darin befindlichen rotbackigen Bauernmädchen, aber es gab eine heilige Scheu des schönen Geschlechtes, auch nur einen Blick auf den wohlsituierten kleinen Fotografen zu werfen, wenn es nicht etwas mit der Belichtung von Fotoplatten zu tun hatte. Es ist damals wie heute bei der einfachen archaischen Bauernbevölkerung immer noch ein Menetekel, einen sichtbaren körperlichen Defekt zu haben. Der kleine Johann Georg Fleig war nun einmal der prominenteste Behinderte in der ganzen Waldauer Umgebung, und so gescheit und umtriebig er war, so auffallend hilflos und ungeeignet für eine Landwirtschaft ist er gewesen.

Was gab es denn für Möglichkeiten für ihn, zu einem eigenen Geschäft zu kommen? Wo gab es ein

Wie Johann Georg Fleig nach Hornberg kam

Atelier, wo ein Fotolabor? Und wo vor allen Dingen war eine Gemeinde, die einen Fotografen und Künstler wie ihn brauchte? Bald kam Rat von seiten eines Buchenberger Bürgers, der ihm von einem schönen Waldstädtchen berichtete, tief unten an der Gutach, wo bestimmt Arbeit und Brot in Hülle und Fülle für ihn zu finden sei. Johann Georg Fleig hatte schon viel von dem kleinen, alten Amtsstädtchen am Oberlauf der Gutach gehört. Es gefiel ihm ungemein gut, wenn er auf der neuen Eisenbahn schon dort vorbeigefahren war, die eben wenige Jahre zuvor ihren Weg durch die zahlreichen dunklen Schwarzwaldberge in Form von langen Tunnels gefunden hatte. Dreimal am Tag fuhren schon Züge hinunter und hinauf, dazwischen gab es jede Menge an Kies- und Frachttransporten, und er war schon das eine oder andere Mal dabei, oben in St. Georgen am Ausgang des Tunnels die herrliche, dampfende, schnaufende und zischende Lokomotive aufzunehmen. Ein Stück Technik, das den großen Techniker in ihm ebenfalls begeisterte, diese Eisenbahn.

Dann hörte er von den Bauersleuten um den Schloßhof herum, daß das Reichenbacher Tal, das vom Windkapf bis hinunter auf die Talsohle der Gutach führt, ein sehr liebliches und schönes sei und das alte Amtsstädtchen Hornberg ein ganz ansehnliches, badisches Städtchen, das durch seine Industrie und seinen Fremdenverkehr im Moment sehr stark aufstrebe. Und auf die Nachfrage nach bereits vorhandenen Konkurrenten im Fotografen- und Verlagswesen bekam er nur zu hören, daß davon im Städtchen unten zwischen den Schwarzwaldbergen noch nichts bekannt sei.

Er schrieb 1884 an das Rathaus in Hornberg, zu Händen des Bürgermeisters Matthäus Vogel, der ihm als ein äußerst tüchtiger Mann der Technik und der Wirtschaft genannt wurde, einen Brief mit der Anfrage, ob er, Johann Georg Fleig, in Hornberg eine Niederlassungsmöglichkeit für sein Fotografengewerbe erhalten könne. Es ging gar nicht lange, da stellte das Schicksal die Weichen: Der Matthäus Vogel war wirklich ein weit voraussehender und tüchtiger Bürgermeister, der wohl sah, daß man in seiner aufstrebenden Stadt einen Menschen gar wohl beschäftigen könne, der mit der neuen Kunst der Fotografie sich auskannte. Er schrieb ihm wohlwollend auf den Schloßhof und lud den Fotografen herzlich ein, einmal das Städtchen und ihn im Rathaus an der Gutach gegenüber dem uralten, bekannten Gasthof Bären zu besuchen. Man würde sich sicher einigen und eine interessante Berufsperspektive für ihn finden, schloß der Brief.

Briefe kamen auf dem Schloßhof selten an, aber als einer kam mit dem Siegel des Hornberger Bürgermeisteramtes war die Aufregung groß, und als Johann Georg damit in den hinteren Teil des Schloßhofes verschwand, um in seinem Labor den Inhalt zu überprüfen, war die Frage buchstäblich im Raum gestanden, was wohl Onkel Johann Georg jetzt vorhabe?

„I gang nach Hornberg!"

Das Erstaunen war groß und Zweifel mischten sich in die Freude über ein derartiges Berufsangebot aus der nicht weit entfernten Amtsstadt. Würde der kleine, verkrüppelte Mann ein eigenes Geschäft führen können? Würde er in den tiefen Schluchten, steilen Bergen, unwegsamen Straßen und Pfaden seine Fotoausrüstung talauf- und talabwärts, hinauf und hinunter schleppen können?

„I gang trotzdem nach Hornberg!"

Die Bedenken von Johann Georg wurden von seinem festen Entschluß zerstreut, und er machte sich selbst Mut, daß er dieser Aufgabe gewachsen war. Er wußte noch nicht, ob dem Bürgermeister Matthäus Vogel überhaupt bekannt war, daß er von der Natur mit einer Körpergröße von nur 1.30 Meter ausgestattet war. Es könnte schon gut sein, daß er, wenn er seiner ansichtig würde, ihm von diesem schweren Amt abraten würde.

„Aber i gang trotzdem nach Hornberg, und zwar bald!"

Der Entschluß des stillen, sonst so wortkargen Mannes mit seiner hohen Fistelstimme tönte entschlossen in der Schloßhofstube, und ein einmal gefaßter Wunsch des wenig sprechenden Bruders war dem Andreas Fleig Evangelium genug. Eine Widerrede gab es nicht, sondern allerhöchstens im geheimen noch bestehende Zweifel an der Eignung des Bruders, allein einen Hausstand zu gründen und seinem Beruf nachzugehen. Keine Schloßhofküche mehr, kein aufgeräumtes Zimmer im zweiten Stock des schönen Bauernhofes, um das sich das Schloßhofgesinde schon seit langer Zeit kümmerte. Johann Georg hatte sich entschlossen, endgültig auf eigenen Beinen zu stehen, und von dieser inneren Entscheidung war er nicht mehr abzubringen. Er wußte, daß er sich jetzt ganz seinem Beruf widmen wollte, und die Perspektive, einziger Hoffotograf im Städtchen drunten an der Gutach zu werden, faszinierte ihn.

Und so fuhr er eines schönen Sommertages im Jahre 1885 mit dem Morgenzug über Königsfeld, St. Georgen, Triberg nach Hornberg hinunter, um sich seiner neuen Aufgabe zu stellen, zumindest sich zuerst einmal im Rathaus vorzustellen. Natürlich hatte er sich vorher informiert, was das für ein Städtchen sei, in das er nun kommen würde. Er hatte sich zuvor belesen bei einem Amtmann Sachs, der im Jahre 1854 durch seine regelmäßigen Ortsbereisungen auch über Hornberg einiges geschrieben hatte. Dort war zu lesen, wie viele Mitglieder der Gemeinderat umfaßte,

Wie Johann Georg Fleig nach Hornberg kam

über wie viele Mitglieder der große Bürgerausschuß verfügte ...

‚Der Bürgermeister bezieht ein Gehalt von 200 Gulden jährlich, der Rechner von 115 und der Ratsschreiber von 100 Gulden. Es gibt einen Ratsdiener, einen Polizeidiener, zwei Nachtwächter, zwei Wald- und Feldhüter, zwei Waisenrichter, zwei Hebammen, einen Leichenschauer, einen Haupt- und einen Unterlehrer. Der Pfarrer ist Ortsschulinspektor und führt die bürgerlichen Standesbücher. Rathaus und Schule sind in guter Verfassung, das Armenhaus befindet sich in einem dürftigen Zustand. Für die Aufnahme in das Bürgerrecht muß der ortsfremde Inländer 40 Gulden entrichten, außerdem ein Einkaufsgeld in den Bürgernutzen von 19 Gulden und eine Spitaltaxe von 15 Gulden. Die Gemeindeausgaben betrugen letztmals 6.841,30 Gulden, die Einnahmen 8.794,55 ... Die meisten Einwohner sind Gewerbetreibende oder arbeiten in der Steingutfabrik mit 100 beschäftigten Personen. Im übrigen hat Hornberg zehn Bäcker, fünf Metzger, vier Schreiner, vier Rot- und zwei Weißgerber, drei Färber, drei Schlosser, vier Schmiede, sieben Schuster, zwei Glaser, zwei Sattler, vier Weber, vier Schneider, zwei Hutmacher, drei Maurer, zwei Zimmerer, einen Buchbinder, zwei Seiler, drei Müller, einen Kupferschmied, ist zusammen 68 Gewerbetreibende, dazu einen Uhrmacher, zehn

Gastwirte, zwei Restaurationen, vier Brauereien mit Wirtschaftsrecht. Der Absatz der Gewerbeprodukte geht unter anderem nach Triberg, Haslach und Wolfach. Es gibt fünf Jahrmärkte. Der Viehbestand: 47 Pferde, 127 Kühe, 2 Stiere, 50 Schweine, 30 Ziegen, 35 Bienenstöcke. Die Einwohnerzahl hat sich in den vergangenen zwanzig Jahren um 300 vermehrt, die Zahl der Bürger um 59. In zwanzig Jahren wurden 85 Ortsfremde in das Bürgerrecht aufgenommen. Der Wohlstand hat in den vergangenen vierzehn Jahren infolge der Verminderung des Güter- und Personenverkehrs durch die Verlegung der Landstraße abgenommen. Die Zahl der Ortsarmen beträgt 70, der Betrag der städtischen Unterstützung für diesen Personenkreis liegt bei 700 Gulden im Jahr, also 10% der öffentlichen Ausgaben. In zwanzig Jahren sind 63 Personen ausgewandert, insbesondere wegen der gescheiterten Revolution von 1848 und 1849. Der Bürgermeister ist nicht entschieden genug der Regierung zugetan, doch kann er nicht als unzuverlässig bezeichnet werden ...

Hornberg bietet den Anblick eines alten, nicht gerade sehr freundlichen Städtchens, dessen Häuser eigentümlicherweise nicht hart aneinander gebaut, sondern mit der Giebelseite der Straße zugekehrt sind, dazwischen sind schmale Gäßchen. Zweimal täglich passiert der Eilwagen die Stadt, hinzu kommt der Fuhrverkehr zum Bodensee, zur Dürrheimer Saline und der Holländer Verkehr (Langholztransporte) ins Kinzigtal und zum Rhein ... Es gibt zu viele Wirtschaften für die 1.340 Einwohner. Die Steingutfabrik hat große Bedeutung und verbraucht jährlich tausend Klafter Brennholz; in der Fabrik herrscht ein guter Geist. Auf dem Schloß arbeitet eine bedeutende Brauerei, die ihre Produkte bis Freiburg versendet und Eigentum der Gebrüder Horn ist. Es gibt kein arbeitsscheues, liederliches Gesindel, die abendliche Feierabendstunde wird eingehalten. In Hornberg gibt es neun Gastwirtschaften mit Realrecht, zwei Restaurationen und drei Bierwirtschaften. Eine Verminderung der Zahl der Wirtschaften wäre wünschenswert. Das Feuerwehrwesen ist geordnet, es bestehen Löschmannschaften, die beiden Spritzen erfüllen ihre Aufgabe nicht mehr, Neuanschaffung ist anzustreben. Die Hornberger sind gesittet, höflich, ruhig, die Kinder artig. Schreier oder Lärmer hört man nicht, der Kirchenbesuch ist befriedigend. Die Bürgerschule umfaßt einen Diakon, einen Lehrer und 33 Kinder. Männer, die entschieden und unter allen Umständen der Regierung zugetan sind, gibt es eigentlich nicht, die politische Stimmung ist aber im ganzen gut, die Anhänger der sogenannten Gegenpartei und der Demokraten verhalten sich ruhig ...'

Johann Georg senkte das Blättchen, das ihm über seine mögliche neue Heimat zugesteckt wurde, und lächelte in das Tal hinunter. Mit einem war er zufrieden, daß nämlich kein Fotograf in der Liste der Gewerbetreibenden aufgeführt war. Daß es zu viele Wirtschaften gab, die zu verringern sind, amüsierte ihn allerhöchstens. Und daß seine neuen Mitbürger ruhig, höflich, gesittet und brav sein sollten, war ihm mehr als recht.

Es freute ihn, daß der heimische Fremdenverkehr eine große Rolle spielte, denn da gab es sicher auch Arbeit für ihn.

Dann las er weiter von der Gemeinde Reichenbach und fand, daß dort 1.040 Personen wohnen, wovon 1.030 evangelisch und 10 katholisch sind.

‚Es gibt zwei Schulhäuser und zwei Lehrer, die je 200 Gulden im Jahr verdienen. Der Bürgermeister erhält 40 Gulden Jahresvergütung, der Ratsschreiber 30, der Ratsdiener 64, der Straßenwart 130, der Waldhüter 50 und jede der zwei Hebammen 16 Gulden. Die Schülerzahl beträgt 144.

Für den Antrag des Bürgerrechts bezahlt man 3 Gulden, für die Aufnahme in das Bürgerrecht 21 Gulden und 20 Kreuzer. Die Jahreseinnahmen und -ausgaben der Gemeinde betragen 2.467 Gulden, es besteht noch ein Schuldenrest von Schul- und Rathausneubau. Es gibt 105 geschlossene Hofgüter und kleinere Gütchen sowie drei Wirtschaften. Die Landwirtschaft ist der Haupterwerb, da es kein Gewerbe

Wie Johann Georg Fleig nach Hornberg kam

in der Gemeinde gibt. Man zählt 24 Pferde, 394 Kühe, 154 Ochsen, 8 Zuchtstiere, 170 Schafe, 320 Ziegen, 370 Schweine, 2 Eber, 249 Bienenvölker.

Dank der guten Ernten der letzten Jahre und der hohen Holzpreise hat der Wohlstand im Reichenbach in den vergangenen zehn Jahren zugenommen, trotzdem zählt man 18 Arme, für welche die Gemeinde im Jahr 344 Gulden aufbringt. In Oberreichenbach gibt es ein Armenhaus, das wegen Baufälligkeit demnächst geräumt werden soll.'

Dann folgten noch zahlreiche Mitteilungen über die Brandfälle. Und dann las er auch den Bericht über die kleine Gemeinde, durch die er gerade durchfuhr, das malerisch gelegene Niederwasser, das jetzt beim Hinunterfahren auf der Schwarzwaldbahn durch den weißen Rauch der Lokomotive teilweise links sichtbar wurde. Auch hier stand etwas drin in der Schrift, die er zur Information über den zukünftigen Standort seiner neuen Tätigkeit erhalten hatte.

‚In Niederwasser gibt es folgende Gewerbetreibende: Zwei Näherinnen, zwei Spezereigeschäfte, zwei Wirtschaften, zwei Bäckereien, zwei Schneider, zwei Schreiner, zwei Uhrmacher. Der Bürgermeister bezieht ein Jahresgehalt von 50 Gulden, der Rechner bekommt 20, der Polizeidiener 25, der Ratsschreiber 30 Gulden. Der Wald- und Feldhüter verdient 12, die Ortshebamme 10, der Heraufzieher der Kirchenuhr

6 Gulden pro Jahr. Das Jahresgehalt des Hauptlehrers beträgt 200 Gulden einschließlich der Mesnervergütung, wovon die Staatskasse 159, der Freiburger Kirchenfonds 24, der örtliche Kirchenfonds 7 und die Gemeinde Niederwasser 10 Gulden beisteuern. Meist bessert der Lehrer seine Bezüge dadurch auf, daß er den Ratsschreiberdienst versieht. Man zählt zwei Schreiner, zwei Schuster, zwei Schneider, zwei Krämer, zwei Bäcker, zwei Wirte, einen Zigarrenfabrikanten, einen Wagner, vier Uhrenmacher, einen Arbeiter der Steingutfabrik Hornberg, 48 männliche und 30 weibliche landwirtschaftliche Dienstboten. Ein Tagelöhner verdient nebst Kost 18 Kreuzer pro Tag, ein Fabrikarbeiter in der Woche 5 Gulden. Es gibt 67 Einwohner, die das Bürgerrecht besitzen, und insgesamt 450 Einwohner. Die Einwohner sind mit ganz wenigen Ausnahmen katholischen Glaubens. Zu den Erwerbsmöglichkeiten zählen Land- und Forstwirtschaft, wobei die Einnahmen dank der günstigen Preise für Langholz, Eichenrinde und Vieh zugenommen haben. Auch die Gewinnung von Kirschenwasser wird als lukrativ bezeichnet. Die Gemeinde gibt für sieben Ortsarme im Jahr 130 Gulden aus. Es gibt im Ort 17 Pferde, 143 Kühe, 82 Ochsen, 3 Zuchtstiere, 30 Schafe, 84 Ziegen, 70 Schweine und 185 Bienenvölker. Die örtliche Viehhaltung leidet in diesen Jahren wie übrigens in der ganzen Gegend stark unter der Maul- und

Klauenseuche und anderen Tierkrankheiten. Auf Vorschlag des Bürgermeisters Stellhammer beschloß der Gemeinderat jetzt, daß jeder Bürger, der den Gemeindeversammlungen am Sonntagmorgen nach dem Gottesdienst fernbleibt, mit einer Geldbuße von 30 Kreuzern (= ein halber Gulden) belegt wird.'

Der Zug fuhr langsamer, und der kleine Johann Georg faltete lächelnd seine papierene Information über seinen zukünftigen Arbeitsplatz zusammen. Konnte ja heiter werden, all diese eigenartigen Erzählungen aus diesem Hornberg, die sogar Amtscharakter hatten.[8] Der Zug hielt, und der kleine Fleig kletterte mühsam von den hohen Treppen des Personenzuges herunter, wobei ihm der goldbetreßte Schaffner mit einem kräftigen ‚Buele, ich hilf dir!' beim Treppenabstieg unter die Arme greifen wollte. Im letzten Moment unterließ er dies aber, als er sah, daß es sich bei dem kleinen Kerl keinesfalls um ein Buele handelte, sondern um einen erwachsenen, sehr kleinen Menschen, der ihn freundlich aus blauen, klugen Augen verständnisvoll ansah und seine Melone lupfte. Hilfe brauchte er keine, der Johann Georg

---

[8] Zitiert nach der Gemeindestatistik von Reichenbach, Hornberg und Niederwasser aus ‚Hornberger Gemeinderatsakten und -Protokolle von 1800 bis zur Gegenwart, Gemeinderatsprotokolle und Gemeindeakten von Niederwasser von 1840 – 1970, Gemeinderatsprotokolle und Gemeindeakten von 1840 – 1970, Gemeinde'.

Fleig, denn das kannte er von frühester Jugend an, die vermeintlich Gesunden wollten in einem Urinstinkt dem kleinen Krüppel helfen, waren aber eigentlich nur irritiert und verlegen und wußten mit ihm gar nichts anzufangen. Meist meinten sie, daß sein Geist genau so entwickelt war wie sein zu klein geratener Körper. Darin hatten sie sich aber nach dem ersten Satz schon getäuscht, den Johann Georg zu ihnen sprach. Es kam zwar mit hoher Fistelstimme, jedoch sehr deutlich herüber, daß er keinesfalls auf den Kopf oder den Mund gefallen war. Aber meist blickte er nur freundlich, lächelte und zog sich wieder in seine innere Einsamkeit zurück.

Johann Georg betrachtete das Treiben auf dem kleinen Bahnhof. Wie gut konnte er sich erinnern, daß schon seine heimatlichen Lehrer auf dem Buchenberg die 1866 fertiggestellte Dampfeisenbahnlinie von Offenburg nach Hausach gerühmt hatten. Ein paar Jahre später, 1869, wurde dann die Eisenbahn von Villingen nach Konstanz fertig, aber das mittlere Stück von Hausach bis nach St. Georgen war das scheinbar unlösbare eigentliche Problem. Er erinnerte sich noch gut, daß im Jahre 1871, also gerade mitten im Krieg, über zweitausend Arbeiter unter dem großen Robert Gerwig eben diesen Weg, den er gerade gekommen war, fertiggestellt hatten. Und jetzt war ein einziges Gleis übrig, auf dem drei Züge bergaufwärts und drei bergabwärts fuhren, manchmal noch gefolgt von einigen Industriezügen mit Kies und Holz. Und schon war das Ganze nicht mehr ausreichend für den neuen Atem der technischen Entwicklung, ein zweites Gleis mußte her, und bereits sah er die Vorbereitungen zu den Arbeiten, um jeden dieser meisterhaften Tunnels um das Doppelte zu verbreitern und ein zweites Paar Schienen neben das jetzige zu verlegen. Johann Georg schüttelte den Kopf, als er das sah, denn nicht einmal zwanzig Jahre hat es gedauert, bevor die vielgepriesene Schwarzwaldbahn jetzt schon wieder zu klein und zu eng geworden war. Der gnadenlose Fortschritt in der Technik fraß Land und Menschen.

Er trippelte über den Bahnhofsvorplatz, kam am Bühl vorbei und blieb zuerst einmal stehen. Er nahm sich fest vor, diese herrliche, malerische Straße mit dem Mohren, den zahlreichen dort abgestellten Fuhrwerken samt den geduldig wartenden Ochsen zu fotografieren. Das Bild war gar zu schön, und unten floß die Gutach an einem der schönsten Gebäude des Schwarzwaldes vorbei, dem uralten, herrlichen Bauwerk des Hotels Bären gegenüber dem alten badischen Rathaus. Johann Georg schlenderte den steilen Bühlberg hinunter und beschaute die kleinen Läden, den alten evangelischen Kirchturm mit der Uhr und dem roten Uhrenzifferblatt, das graue Schindeldach, das bis an die Basis des Langhauses heranreichte. Unten schaffte die Gutach ihre mächtigen Wassermassen tief in einem geschliffenen Bachbett zu Tal. Noch viele kleine Schritte, und dann stand er vor dem Rathauseingang, der ihm turmhoch erschien. Ein Amtsdiener in elender Uniform wollte ihm erst den Eintritt verwehren, weil auch er meinte, daß ein Buele nichts in diesem Rathaus verloren habe, war aber dann doch recht hilfsbereit und vor allen Dingen baß erstaunt, daß er einen sehr kleinen Erwachsenen in korrektem Bratenrock samt Weste und Krawattenbrillantnadel vor sich stehen sah, der ihn mit hoher Stimme, aber eindeutig und gut vernehmbar nach dem Büro des Herrn Bürgermeisters fragte. Der Amtsbote ging voraus, und Johann Georg folgte ihm mühsam über die ausgetretenen, knarrenden, breiten Stufen, die hinauf in den ersten Stock führten. An einer braunen Tür wurde haltgemacht. Der Amtsdiener klopfte vorsichtig an eine Tür, an der stand:

> Matthäus Vogel, Bürgermeister.
> Bitte anklopfen!

Eine freundliche Stimme rief ‚Herein' und der Amtsdiener kündigte den neuen Besuch an.

„Do isch de Herr Fleig, der zum Bürgermeischter will", meinte der rotnasige Gemeindediener und setzte noch dazu: „Sehr klein isch der, der Herr Fleig

Wie Johann Georg Fleig nach Hornberg kam

…". Der Bürgermeister Vogel, ein unerschrockener, geradliniger Mann, seines Zeichens Fabrikant von Holzschliff und Pappe, war schon sehr vieles gewohnt in seinem Amt und in seiner Fabrik, aber ein derartig kleiner Mensch, der jetzt formvollendet über seine Bürgermeisterschwelle schritt und ihn mit gezogener Melone höflich und korrekt begrüßte, machte ihn doch etwas sprachlos.

„Guete Tag, Herr Bürgermeischter, i bin der Johann Georg Fleig us Martinsweiler, der Ihne g'schriebe hett und dem Sie zurückg'schriebe henn, daß e Fotografestelle vakant sei. Do bin i …"

Johann Georg Fleig streckte seinem mächtigen und großen Gegenüber seine kleine und schmale Hand hin, die dieser nur vorsichtig drückte. Es muß wohl einige Sekunden gedauert haben, bis der Bürgermeister sich bewußt wurde, was er ihm zurückgeschrieben hatte, aber dann erinnerte er sich gleich wieder. Einen Fotografen im Städtchen wollte er haben für das aufstrebende Gewerbe und für die vielen auswärtigen Gäste, die Hornberg beherbergte. Alles in Ordnung, aber – einen solch kleinen Menschen und gleichzeitig den zukünftigen Fotografen von Hornberg, das hatte er sich so nicht ausgemalt. Und so saßen die beiden, der Bürgermeister und der neue Fotograf von Hornberg, lange im Rathaus beieinander und beratschlagten, ob das alles denn so gehen würde, wie sich's Johann Georg gewünscht hatte.

Und die beiden wurden sehr schnell handelseinig, merkte doch der gescheite Bürgermeister, daß er einen liebenswerten, außerordentlich intelligenten Menschen vor sich hatte, dem allenfalls ein paar Dezimeter von seiner Körpergröße abgingen, aber sonst überhaupt nichts. Die gescheiten, klaren Augen, das Markenzeichen des Johann Georg Fleig, machten einen tiefen Eindruck auf den unerschrockenen, ganz real und klar denkenden Fabrikanten und Bürgermeister, so daß sie sich bald recht sympathisch fanden und der Bürgermeister ihm die vakante Stelle aufs wärmste anempfahl. Bilder von Johann Georg hatte er natürlich schon gesehen, der Herr Bürgermeister, und er wunderte sich über diese hervorragende Qualität der Porträts und der Schwarzwalddarstellungen, nur hatte er nicht gewußt, daß diese optischen Herrlichkeiten von einem derartig kleinen, zwergenhaften Menschen hergestellt worden waren. Überhaupt war er ein Glück für das Waldstädtchen Hornberg, dieser Bürgermeister Matthäus Vogel, denn in diesem Gespräch versuchte er den Johann Georg Fleig in seiner Gemeinde festzuhalten, da er sich als Stadtoberhaupt vorstellen konnte, daß er hier wohl Ausgezeichnetes würde leisten können, wenn seine Bilder in den benachbarten Dörfern um St. Georgen herum bereits so Furore machten.

Und so sah man kurze Zeit später einen glücklich lächelnden Johann Georg Fleig neben einem riesenhaften Bürgermeister Matthäus Vogel einhertrippeln, und der Bürodiener schwankte den beiden Gestalten vorsichtig hinterher.

Der Bürgermeister wußte ein Haus, das sich vielleicht für ihn eignen würde, und so ging er voraus, Johann Georg nicht aus den Augen lassend und stets darauf achtend, daß er seinen langen Schritten nachfolgen konnte.

Es muß wohl ein herrliches Bild gewesen sein, wie der bekannte und beliebte Bürgermeister mit dem kleinen Fleigle durch das Städtchen zog, und am selben Tag war dieser Spaziergang das Tagesgespräch im Städtchen.

Vorbei am Bären und am Tannhäuser ging es über die gute, alte Gutachbrücke hinüber in die Südstadt außerhalb der ehemaligen Stadtmauer. Von dort aus waren es noch ein paar Schritte bis zu einem behäbigen Bürgerhaus, in dem ein Arzt residierte. Auf die Frage Johann Georgs antwortete der Bürgermeister:

„Ja, dort drüben ist unser netter Stadtphysikus, der Dr. Alex Jäckle. Wenn Ihr mal krank seid, dann könnt Ihr Euch ohne weiteres ihm anvertrauen."

Das war der erste Kontakt, den Johann Georg mit diesem Dr. Alex Jäckle hatte, wenn auch nur aus dem Mund des Ortsvorstehers. Bald sollte er ihn sehr gut kennenlernen. Listig fragte der Bürgermeister noch nach seinen Krankheiten und warum er wohl nach dem Doktor gefragt habe, aber Johann Georg Fleig konnte ihn beruhigen. Bis auf die üblichen Bresten mit den Gelenken sei er putzmunter und gesund.

Das wollte der Bürgermeister eigentlich nur wissen, und jetzt war sein Entschluß ganz fest, dem künftigen Stadtfotografen auch gleich noch ein geeignetes Domizil anzuweisen. In der oberen Werderstraße neben der mächtigen Steingutfabrik stand ein kleines Haus, ein wenig von der Gutach abgerückt, in dessen hinterem Teil sich früher eine Rotgerberei befand, das jetzt aber leer stand.

Das Haus war in einem ganz guten Zustand, die Gerberei war verlassen, die Räume waren aber recht groß.

Johann Georg sah sich das Haus an, durchmaß mit seinen kleinen Schrittchen sein zukünftiges Fotolabor, ein einstöckiges Gebäude mit einem Blechdach, großen, hellen Fenstern und einem steilen Treppenzugang zur unten fließenden Gutach. Nach einigen Schrittchen hin und her fragte er nach dem Preis, und der Bürgermeister winkte ab.

„Wenn Ihr hier bliebet, Herr Fleig, derno werre mir uns einig."

Dann nannte er einen derart tiefen Preis, daß der kleine Fotograf sogleich wußte, daß er am Ende seiner

Berufswanderschaft, zumindest vorläufig, angekommen war. Johann Georg schlug ein, und der Bürgermeister war's mehr als zufrieden, daß er wieder einen Bewohner für das Haus des verstorbenen alten Rotgerbers gefunden hatte.

Johann Georg jubilierte und drängte darauf, mit dem nächsten Zug auf den Schloßhof zurückkehren zu können, um mit seiner Familie alles Weitere abzuklären. Der Bürgermeister begleitete ihn noch bis zum Bergaufwärts-Zug, vermied es allerdings, Johann Georg die Treppe hinaufzuhelfen, weil er wohl merkte, daß dieser junge Zwerg alles andere als hilflos war, und noch auf dem einzigen Gleis schüttelten sie sich die Hände, der glückliche, neue Stadtfotograf von Hornberg und der pfiffige, tüchtige Bürgermeister Matthäus Vogel. Dann verschwand der Zug, der Johann Georg wieder in die Heimat nach St. Georgen und Königsfeld brachte, rußend und schnaufend in dem schwarzen Loch, dem ersten Eisenbahntunnel in südlicher Richtung...

Was für eine Frage, daß bei dem geringen Preis für das Haus und das Laboratorium der Rat der ganzen Familie positiv für Hornberg ausfiel, und als noch der Uhrenhändler und Pate Mattäus Fleig aus *Stockburg* am Abend von der Nachricht gehört hatte, beglückwünschte er seinen Patensohn aufs herzlichste und versprach ihm jede Hilfe, die er brauchte. Auch der

Schloßmüller und sein Bruder waren begeistert von der neuen Idee und signalisierten ihm jede Unterstützung. Eigentlich brauchte er bei dem guten Preis gar nichts Besonderes, sondern er nahm das Angebot vom Paten Mattäus sehr gerne an, mit dessen Fuhrwerk, auf dem normalerweise die Uhren ins Rheinland transportiert wurden, seine Habe nach Hornberg zu fahren.

Und so fuhr er etliche Wochen später, nachdem der Bürgermeister dem Johann Georg in den Schloßhof gemeldet hatte, daß die wichtigsten Reparaturarbeiten im Haus an der Werderstraße fertig seien, mit dem Mattäus Fleig, seinem lieben Paten, auf einem Ochsenfuhrwerk, voll beladen mit Hausrat und seiner kostbaren Kamera samt dem vielen Zubehör, über den Brogen hinab nach Krummenschiltach, den Windkapf hinauf und von dort über das Reichenbacher Tal bis hinunter zum Rathaus nach Hornberg, vorbei an einem der schönsten Täler mit den malerischsten Winkeln und Bauernhöfen, die Johann Georg bisher je gesehen hatte. Nach etlichen Stunden waren sie dann soweit, und der Pate half mit einigen dienstbaren Geistern aus dem Städtle dem neuen Bürger sein Haus einzurichten. Johann Georg überwachte den Transport seiner Filmkamera, seiner Chemie und seiner zerbrechlichen Glasplatten und dirigierte sie in den hinteren Teil des Hauses, der jetzt zu einem schönen, einstöckigen, hohen Raum herausgeputzt worden war und dessen hohe Fenster mit schwarzen Vorhängen völlig abgedunkelt werden konnten. Er war stolz, der kleine Johann Georg, hatte er sich doch jetzt in diesem kleinen, malerischen Städtchen einen Traum erfüllt, nämlich den, ein Haus mit einem Atelier sein eigen zu nennen, in dem er jetzt seiner Berufs- und Lieblingsaufgabe nachgehen konnte: Wahre Bilder zu machen von Mensch, Tier und der herrlichen Schwarzwaldlandschaft ringsumher ...

Kapitel 8 –
Johann Georgs neue Heimat

Wohin kam er in der damaligen Zeit, und was hatte er vor? Das Amtsstädtchen Hornberg lernte Johann Georg Fleig schon in den ersten Tagen nach seiner Ankunft kennen, und zwar in allen Phasen des damaligen Städtlebens. Nach dem Willkommen des Bürgermeisters hatte er jetzt Zeit, in alle Straßen und Gäßchen des Städtchens zu gehen, und es gefiel ihm ausnehmend gut. Vor seinen wachen Augen entstanden Motive, eins ums andere, sei es unten am Bach, sei es von oben auf dem Berg gegenüber der Burg oder vom Schloßberg aus. Ungemein reizvoll lag das kleine Städtchen am Schloßberg entlang, duckte sich geradezu unter dem Schloßfelsen, und die wenige hundert Meter entfernte evangelische Stadtkirche schien fast schon außerhalb des Stadtkerns zu liegen, so klein und eng beieinander gebaut war das mittelalterliche Städtchen Hornberg. Die Stadtmauern fehlten freilich, denn die hätten dem Ganzen noch ein schöneres Bild gegeben, aber vor vierzig Jahren haben die Stadtbaumeister und der damalige Bürgermeister Johann Georg Schultheiss verfügt, daß der mittelalterliche Rest aus dem Stadtbild zu entfernen